# AVEC LE NUCLÉAIRE

## Du même auteur

Trop de pétrole !
Énergie fossile et réchauffement climatique
*Seuil, 2007*
*prix de l'Académie des sciences morales et politiques*

La France économie sécurité
Économie mondialisée, sécurité nationale, Union européenne
*Hachette, 1994*
*prix des Ministères*

L'Économie de la forêt
Mieux exploiter un patrimoine
*Édisud, 1993*

Un site Internet : www.hprevot.fr
sur ce site, est publiée une étude :
Moins de $CO_2$ pour pas trop cher,
propositions pour une politique de l'énergie

*HENRI PRÉVOT*

# AVEC LE NUCLÉAIRE

## Un choix réfléchi et responsable

*ÉDITIONS DU SEUIL*
*25, boulevard Romain-Rolland, Paris XIV^e^*

ISBN 978-2-02-107609-7



www.seuil.com

# Introduction

La crise économique va-t-elle nous ouvrir les yeux sur la nécessité d'éviter le gaspillage ? Sommes-nous conscients que la concurrence commerciale entre les grandes régions du monde est sans pitié ?

Si la France savait renoncer à la moitié des panneaux photovoltaïques et des éoliennes décidés à la suite du Grenelle de l'environnement et les remplaçait par un ou deux réacteurs nucléaires, elle économiserait plusieurs milliards d'euros par an, suffisamment pour compléter le financement du programme mondial de lutte contre le SIDA, sauvant ainsi des millions de personnes ; ou, si l'on préfère, suffisamment pour financer chez nous l'emploi de quelques dizaines de milliers d'enseignants, de chercheurs, de policiers ou d'aides soignantes.

Si la France ne refuse pas le nucléaire, elle n'a pas besoin d'éoliennes chères et capricieuses ni de panneaux photovoltaïques qui, à coup sûr, ne produisent rien lorsqu'on en a besoin. Je veux dire qu'elle n'a pas besoin de *la moindre* éolienne ni du *moindre* panneau photovoltaïque.

Il faut isoler les bâtiments qui consomment trop d'énergie, qui le contestera ? Mais pas à n'importe quel coût ! Les objectifs du Grenelle de l'environnement ne seront pas atteints et certains s'en désolent. Ce n'est pourtant pas étonnant ! Ils ont été fixés sans se préoccuper des coûts ! Avez-vous calculé quel devrait être le prix du gaz ou du fioul pour qu'une isolation par l'extérieur ou une ventilation double flux deviennent intéressants sans aucune aide publique (crédit d'impôt, prêt à taux zéro ou autre) ? La même question se pose à propos des doubles vitrages, si l'on n'a pas besoin de changer les fenêtres. Au lieu de faire des dépenses d'isolation thermique excessives, il vaut mieux s'équiper d'une pompe à chaleur ou d'un chauffage hybride intelligent où l'électricité s'efface pour laisser la place au fioul ou au gaz lorsque la demande globale d'électricité devient trop forte. En dépensant beaucoup moins, nous diminuerons tout autant les émissions de $CO_2$[1] et la consommation de fioul ou de gaz. Encore faut-il produire assez d'électricité pour pas trop cher, une électricité qui n'émet pas de $CO_2$, ce qui pose, là aussi, la question du nucléaire.

Pourquoi le refuserait-on ? Certains motifs méritent que l'on s'y arrête, mais il faut tordre le cou à des histoires répétées un peu partout sans réflexion.

On nous dit que le coût du démantèlement des réacteurs n'est pas connu précisément et que l'évaluation qui a été faite est sous-estimée. C'est possible ; probable même. Mais si le coût était deux fois plus élevé que prévu, cela aurait un très faible effet sur le coût du nucléaire. Les contempteurs du nucléaire le savent bien ! Ils savent aussi, mais se gardent bien de le dire, qu'avec des éoliennes et du photovoltaïque, pour compenser le manque de vent ou de soleil il faut renforcer le réseau électrique, produire de l'électricité à partir de gaz ou de charbon émetteurs de $CO_2$, construire des capacités de stockage d'électricité qui coûtent les yeux de la tête. En tenant compte de tout cela, remplacer un réacteur nucléaire par des éoliennes au sol ou en mer revient à doubler ou à tripler le coût de production de l'électricité ; à le multiplier par quatre si on remplace le nucléaire par du photovoltaïque.

1. Une table des sigles est donnée en fin d'ouvrage.

On ne va pas priver ceux d'entre nous qui veulent de l'électricité « renouvelable ». Mais qu'ils la paient à son vrai coût sans faire payer les autres !

On nous dit aussi qu'il est immoral de laisser des déchets qui resteront radioactifs pendant très longtemps. *A priori*, cela pose une question qui relève de la morale en effet. J'ai vraiment essayé de voir où serait le danger de ces déchets à vie longue, tels qu'ils sont traités et stockés. Je n'ai pas trouvé. Ces déchets sont confinés et on sait où ils sont et ce qu'ils deviendront. Où est le risque ? De plus ils remplacent les montagnes de déchets solides, les fumées polluantes et les quantités colossales d'émissions de $CO_2$ qu'aurait générées une production d'électricité à partir de charbon ou de gaz. La question des déchets plaide fortement pour le nucléaire.

Le vrai risque est ailleurs : l'accident grave qui relâche de la radioactivité. Ce risque est réel et sérieux et ne doit pas être minimisé. Le tsunami de Fukushima a causé 25 000 morts. Les émanations radioactives n'en ont causé directement aucune. Combien en causeront-elles à l'avenir ? On ne sait pas. Il est seulement possible de donner une fourchette : dans les cinquante ans à venir, entre zéro et cinq cents parmi une population de plusieurs millions de personnes. Mais il a fallu déplacer 80 000 personnes. Les décès que l'on peut aujourd'hui imputer à l'accident ne sont pas liés à la radioactivité, mais, comme autour de Tchernobyl, au déracinement qui, source d'inquiétude et d'angoisse, déstabilise la vie familiale, sociale et professionnelle. Quand les habitants pourront-ils revenir chez eux ? Quelle est la dose de radioactivité qui rend un terrain inhabitable ? Il appartient aux Japonais de répondre. Pourquoi ne décideraient-ils pas que sont habitables les terres où la radioactivité est la moitié de ce qu'est la radioactivité naturelle dans certaines régions du monde très peuplées, ou encore la radioactivité d'une zone granitique ? Dès lors, les surfaces aujourd'hui inhabitables autour de Fukushima couvrent probablement 100 ou 200 km$^2$. C'est trop, mais ce n'est pas plus. Et l'on sait comment nettoyer ces terrains ; on sait comment se protéger de la radioactivité.

Que l'on cesse de vouloir nous inquiéter en disant que l'on a trouvé des doses insupportables à plus de 30 km de la centrale de Fukushima ! Il ne fallait pas être sorcier pour savoir où les trouver : dans les stations d'épuration. En effet, les particules radioactives sont emportées par les eaux et se concentrent dans les eaux d'égout. Plutôt que de jeter l'alarme, il fallait se réjouir de les voir se concentrer en des endroits connus d'où il est facile de les retirer. La façon dont les opposants au nucléaire manipulent l'information est exaspérante. Rappelez-vous cette accusation ressassée *ad nauseam* selon laquelle le Pr Pellerin aurait affirmé que le « nuage de Tchernobyl » se serait arrêté aux frontières de la France. Peu après l'accident, un quotidien nous a dit que le Pr Pellerin avait annoncé l'arrivée au-dessus de la France de cette radioactivité. Dix jours plus tard[1], le même journal a fait sa une en écrivant : « les pouvoirs publics ont menti, le nuage de Tchernobyl a bien survolé une partie de la France ». En réalité le Pr Pellerin avait dit qu'il n'était pas nécessaire de prendre des mesures spécifiques de protection et la suite de l'histoire a montré qu'il avait raison. Autre exemple : les opposants au nucléaire nous disent qu'il est évident que l'augmentation du nombre de cancers de la thyroïde observée depuis l'accident de Tchernobyl est due à cet accident. Pourtant cette augmentation a commencé auparavant et a été plus rapide dans des régions qui ont reçu moins de radioactivité que d'autres. On n'en finirait pas de citer des cas d'informations tendancieuses, ajustées de façon à laisser entendre quelque chose qui est différent de la réalité.

1. Le journal *Libération* du 2 mai 1986 puis du 12 mai 1986.

Et, chaque fois, cela est accompagné de commentaires méprisants à l'endroit de ceux qui voient que la production nucléaire présente plus d'avantages que d'inconvénients.

Pour répondre à cette désinformation, ce livre présente au lecteur une information sur l'état de la technique et sur les coûts, et une réflexion sur les enjeux qui accompagnent le nucléaire ou le refus du nucléaire.

Ce qui se passe au cœur du réacteur n'est pas mystérieux. Il est utile de le décrire pour situer la cause de l'accident grave. Les scientifiques et les ingénieurs ont su tirer parti des propriétés de la matière pour faire en sorte qu'une réaction en chaîne, foncièrement instable, soit pourtant stable. En cas d'accident, lorsque le réacteur sort de son domaine de stabilité, la réaction s'arrête nécessairement mais laisse derrière elle une quantité de chaleur qu'il faut continuer à évacuer[1]. Les gros accidents nucléaires intervenus aux États-Unis, en Ukraine et au Japon nous ont appris comment renforcer la sûreté de fonctionnement. Un chapitre traite des effets sur la santé des faibles doses de radioactivité. On y voit les limites de ce qui peut être connu par les études épidémiologiques. La recherche biologique progresse. Il existe probablement un seuil en deçà duquel les faibles doses de radioactivité n'ont pas d'effet sur la santé.

Les décisions que nous prenons aujourd'hui engagent l'avenir. Les déchets durablement radioactifs posent de sérieuses questions auxquelles répond le soin avec lequel ils sont traités et stockés et les réacteurs de la quatrième génération, les surgénérateurs, multiplieront par près de cent les sources d'énergie nucléaire disponibles. Nos décisions intéressent également le monde entier et particulièrement les pays en développement, qui ont besoin d'énergie et qui

1. Dans le cas des réacteurs à eau comme ceux qui sont en exploitation en France ou au Japon. Les réacteurs de Tchernobyl sont d'un type différent.

seront parmi les premiers touchés par les effets du réchauffement climatique. C'est dans ce contexte qu'il convient de se demander si le risque nucléaire est si grave qu'il est radicalement inacceptable. Si la réponse est positive le seul but qui vaille est d'arrêter toute production d'électricité nucléaire. Ce serait se moquer que de justifier une diminution du nombre de réacteurs nucléaires par la volonté de diminuer le risque.

Si le risque n'est pas formellement exclu, il faut se demander de combien de réacteurs nucléaires la France a besoin. On s'égarerait en ne parlant que d'électricité. C'est d'*énergie* qu'il faut parler : de production, de consommation et d'économie d'énergie selon que la capacité nucléaire est plus ou moins grande. Trois scénarios sont présentés ayant comme objectif de beaucoup diminuer nos émissions de $CO_2$ et notre consommation de pétrole, gaz et charbon. Le premier, pour minimiser les dépenses, fait l'hypothèse d'une augmentation de la capacité nucléaire. Si l'on décidait de stabiliser ou de diminuer la capacité de production nucléaire, il faudrait dépenser davantage ; la différence se chiffre en dizaines de milliards d'euros par an.

Je ne veux pas asséner ces résultats comme vérité révélée. Les calculs, la méthode et les hypothèses sont présentés avec de nombreux renvois à un site Internet où l'on trouvera non seulement des explications complémentaires, mais aussi une feuille de calcul permettant à chacun de construire un tableau de ressources et d'emplois d'énergie selon ses propres hypothèses. Cette feuille de calcul n'a pas d'état d'âme. Elle peut représenter toute situation avec plus ou moins de nucléaire et même sans nucléaire du tout. Une autre feuille de calcul permet d'avoir une idée des dépenses de chauffage en fonction du degré d'isolation thermique, du mode de chauffage, du coût des équipements, du prix de l'énergie, etc. Elle évalue aussi la consommation d'énergie et les émissions de $CO_2$. Sans prétendre remplacer des modèles économiques complexes, ces feuilles de calcul permettent à tout le monde d'avoir des ordres de grandeur.

Il y a beaucoup à dire et à proposer sur la politique française de l'énergie : réglementation, impôt, politique de l'électricité. Elle devrait éviter de rendre obligatoires ou de financer sur fonds publics des décisions inutilement coûteuses. Un impôt décidé pour diminuer les émissions de $CO_2$ pourrait diminuer l'incertitude causée par l'imprévisibilité du prix du pétrole. Quant à l'organisation du marché de l'électricité, les motifs ne manquent pas de mettre la production nucléaire à l'abri de la concurrence commerciale ou financière.

Je me demande enfin au nom de quoi l'on doit refuser ou accepter le risque nucléaire. Cette question va bien au-delà des coûts. La réponse prend en considération l'indépendance énergétique, les émissions de $CO_2$, la construction européenne, les relations avec les pays en développement, la compétitivité industrielle de notre pays dans la concurrence mondiale, l'attitude à l'égard du progrès technique, le rapport à la nature, aux générations suivantes, la place de notre pays dans le monde…

Il apparaît alors que, si le nucléaire n'est pas refusé par principe, la meilleure solution pour la France n'est pas de diminuer sa capacité nucléaire. Elle n'est pas non plus de la stabiliser. Elle est d'*augmenter sa capacité nucléaire de 50 %* dans les trente ou quarante années à venir, c'est-à-dire de décider dès maintenant de construire deux EPR par an.

CHAPITRE I

# Le cadeau que la nature fait à l'homme, s'il sait le trouver : l'énergie surabondante

*Il a fallu à la nature des millions d'années pour produire pétrole, gaz et charbon dont il est très facile de tirer de l'énergie en les brûlant. Aujourd'hui, elle nous invite à trouver de l'énergie au cœur même de la matière. À masse égale, l'énergie dégagée par une réaction nucléaire peut être un million de fois plus grande que l'énergie produite par des combustibles : un gramme d'uranium produira autant d'énergie qu'une tonne de pétrole.*

*Après les découvertes des sciences fondamentales du début du XX^e^ siècle, les savants et les ingénieurs ont extrait de la matière des quantités phénoménales d'énergie pour en faire des armes dévastatrices. En même temps, ils ont découvert dans la matière elle-même* des mécanismes permettant de contrôler et de pacifier cette production d'énergie. *En observant les événements qui se déroulent à l'échelle de l'atome, on comprend pourquoi, dans un réacteur tel que ceux qui sont en fonctionnement aujourd'hui en France, une réaction nucléaire explosive n'est pas possible et pourquoi un accident comme celui de Fukushima est à la fois possible et très peu probable.*

Parler d'énergie nucléaire sans rappeler qu'il s'agit de l'énergie dégagée par les transformations de noyaux d'atomes, je ne saurais faire. Et l'on verra comment la nature s'est arrangée pour qu'il soit possible de stabiliser une réaction en chaîne *a priori* instable. Ce n'est pas compliqué et c'est assez fascinant.

## Lorsqu'un neutron cogne un noyau

Les noyaux des atomes sont formés de protons et de neutrons. Créer des corps instables en bombardant des noyaux avec des neutrons, c'est sur ce principe que fonctionnent les réacteurs nucléaires.

Dans la nature tout est vibration. Le noyau est parcouru de vibrations internes et toutes les particules peuvent agir comme une onde. Si le neutron, agissant comme une onde, entre en résonance avec les vibrations internes du noyau, il est absorbé par celui-ci ou il le casse. Sinon, il rebondit sur lui[1].

Quand un noyau absorbe le neutron, il peut devenir instable. Pour devenir plus stable, il transforme parfois un de ses neutrons en proton en émettant un électron. Ce faisant il change de nature.

Toute réaction atomique émet une quantité d'énergie qui correspond à une diminution de la masse de matière[2]. Cette énergie est évacuée par les rayonnements connus sous le nom de rayonnements alpha, bêta, gamma et rayonnements de neutrons. Lorsqu'un rayonnement est absorbé par de la matière, l'énergie cinétique des particules et l'énergie électromagnétique se transforment en chaleur. La quantité

1. Le phénomène de résonance donne des résultats spectaculaires. L'exemple le plus connu est celui d'une troupe de soldats marchant au pas sur un pont. Comme tous les corps, le pont est élastique. Il vibre donc autour de sa position d'équilibre, tellement peu que l'on ne s'en rend pas compte. Pourtant, si cette marche cadencée entre en résonance avec les fréquences de vibration du pont, celui-ci peut s'écrouler avant que la troupe n'ait traversé la rivière. On ne voit donc pas de troupe traverser un pont en marchant au pas.

2. $E = mc^2$ : si la réaction nucléaire conduit à diminuer la masse de m, la quantité d'énergie évacuée par les rayonnements sera égale au produit de cette diminution de masse par le carré de la vitesse de la lumière.

d'énergie dégagée est énorme : un gramme d'uranium fournit autant d'énergie qu'une tonne de carburant : un million de fois plus, pour la même masse.

---

**Nature des rayonnements ; comment s'en protéger**

– Le « rayonnement alpha » est l'émission de particules relativement lourdes, des noyaux d'hélium formés de deux neutrons et de deux protons. Il est arrêté par quelques millièmes de millimètre de matière solide ou quelques centimètres d'air. Il n'est donc dangereux que si le corps radioactif est aspiré ou ingéré car, dans ces conditions, les particules d'hélium percutent les cellules avec toute leur énergie et leur masse.

– Le « rayonnement bêta » est l'émission d'électrons ou d'autres particules semblables mais chargées positivement, les positons. Ceux-ci sont arrêtés par quelques centimètres de matière ou quelques mètres d'air. Il n'est donc pas difficile de s'en préserver, si l'on est informé de leur présence.

– Les « rayons gamma » sont comme des rayons X très énergétiques ; on peut dire que ce sont des ondes ou bien des émissions de photons. Il est plus difficile de s'en protéger que des rayonnements alpha ou bêta car ils se propagent à peu près librement dans l'air. Ils sont atténués d'un facteur 1000 après la traversée d'environ 10 cm de plomb, 45 cm de béton ou 105 cm d'eau. Après 3 m d'eau, leur intensité est divisée par un milliard.

– Les neutrons, pour être efficacement arrêtés, doivent être au préalable ralentis par des corps légers comme les atomes d'hydrogène de l'eau avant d'être capturés par des corps comme le bore, avides de neutrons sans devenir fortement radioactifs.

À chaque étape depuis la mine d'uranium jusqu'au stockage des déchets, la source du rayonnement est bien connue et bien confinée. Ce n'est qu'en cas d'accident grave que sont dispersées des matières radioactives, soit dissoutes dans l'eau, soit transportées par l'air ou par l'eau sous forme de gaz ou de très fines particules ou gouttelettes. Une fois disséminées, les matières radioactives continuent d'émettre des

rayonnements avec une intensité qui diminue plus ou moins vite avec le temps.
Pour s'en protéger, il suffit d'interposer entre soi-même et la source du rayonnement de l'air, de l'eau ou une matière solide, très peu s'il s'agit de rayonnement alpha ou bêta, davantage s'il s'agit de rayonnement gamma ou neutronique. Il est donc facile de s'en protéger *si l'on sait où se trouvent les sources.* Il faut surtout éviter de les laisser entrer dans le corps, par l'alimentation ou par la respiration.

**Les neutrons ralentis sont plus efficaces**

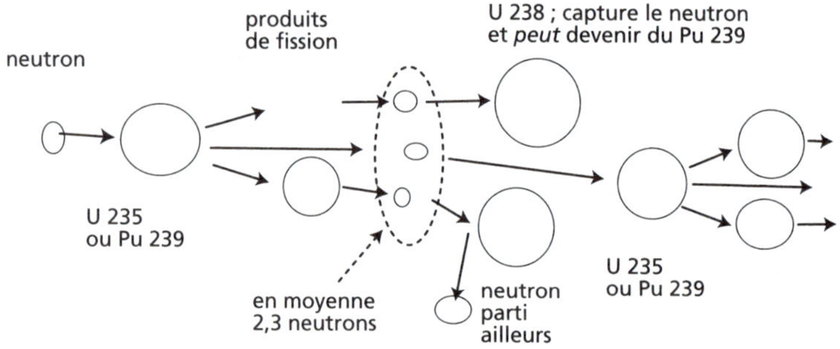


| |
|---|
| U 238 : uranium 238<br>Pu 239 : plutonium 239 |

L'uranium naturel est un mélange de deux isotopes[1] d'uranium, 99,3 % d'uranium 238, quasi stable, et 0,7 % d'uranium 235, instable.

1. Deux atomes sont dits isotopes si leurs noyaux ont un nombre égal de protons mais des nombres différents de neutrons. « Uranium 238 » ou « U 238 » indique que le noyau de cet isotope de l'uranium comporte un total de 238 neutrons et protons.

Les neutrons jaillissent d'une réaction nucléaire à la vitesse de 20 000 km par seconde. Ils méritent leur qualificatif de « rapides ». Quelques-uns provoquent une fission de l'uranium 235. Chaque fission génère en moyenne 2,3 neutrons. Mais, avec cette énergie, ils rebondissent pour la plupart sur les noyaux d'uranium 238 ou sont capturés, ce qui peut donner naissance à du plutonium 239, qui est fissile. Qu'ils rebondissent ou soient capturés, les neutrons sont perdus sans causer la fission d'uranium 235 ni de plutonium 239. Une réaction en chaîne n'est pas possible.

Un peu par hasard Fermi s'est rendu compte que, sur l'uranium 235, un neutron ralenti est beaucoup plus efficace qu'un neutron rapide. Cette découverte (avec celles de corps plus lourds que l'uranium) lui a valu le prix Nobel. Si les neutrons sont ralentis à la vitesse de 2 km par seconde, certains d'entre eux sont absorbés par l'uranium 238, générant peu de plutonium 239. Un peu plus de la moitié (55 %), en heurtant des noyaux fissiles d'uranium 235 ou de plutonium 239, causent des fissions qui génèrent d'autres neutrons. La réaction en chaîne peut se développer à condition d'éviter une trop grande perte de neutrons pendant qu'ils traversent le corps qui les ralentira, le modérateur.

Dans les réacteurs en fonctionnement en France, le modérateur est tout simplement l'eau qui traverse le cœur du réacteur pour en emporter la chaleur. L'eau ralentit efficacement les neutrons lorsqu'ils rebondissent sur les noyaux d'hydrogène des molécules $H_2O$.

Mais les neutrons peuvent aussi être absorbés par le noyau d'hydrogène qui se transforme en noyau de deutérium. Il risque de ne pas en rester suffisamment pour entretenir la réaction en chaîne. Pour augmenter la probabilité de fission, on multiplie par un facteur 5 à 6 la proportion d'uranium 235 fissile dans le milieu. Il suffit de la porter de 0,7 % à 3 ou 5 % pour faire fonctionner un réacteur à eau légère.

Il est possible de faire fonctionner un réacteur avec de l'uranium naturel (non enrichi) à condition d'utiliser de l'eau lourde pour évacuer la chaleur. Dans l'eau lourde l'hydrogène de la molécule d'eau est remplacé par un deutérium, dont le noyau a deux neutrons. Celui-ci peut encore absorber un neutron, mais il n'en a guère envie.

Il est aussi possible d'utiliser de l'uranium naturel dans des réacteurs où les neutrons sont ralentis par des noyaux de carbone et les calories extraites par un gaz comme le gaz carbonique.

On a découvert qu'à Oklo au Gabon plusieurs réacteurs naturels avaient fonctionné pendant 150 000 ans il y a 2 milliards d'années, à une époque où la teneur d'uranium 235 était encore de 5 % ; les neutrons étaient ralentis par de l'eau.

## Pourquoi la réaction en chaîne est stable

Si, après la fission d'un noyau, *exactement un* neutron (pas plus, pas moins) cause la fission d'un autre noyau, la réaction en chaîne se poursuit calmement. Au-delà de un, elle s'emballe ; en deçà, elle s'arrête. Dans l'un et l'autre cas, cela va très vite : il suffit de quelques millisecondes.

Si l'équilibre était instable, il ne serait pas possible à l'homme de réagir assez vite. Mais il se trouve que *des mécanismes naturels ont pour effet que la réaction nucléaire est stable*.

Après la fission d'un noyau de matière fissile (uranium, plutonium ou autre), l'émission par les produits de fission de quelques neutrons ne se fait pas immédiatement mais après un délai de quelques secondes. Ce sont les neutrons « retardés ». En quelque sorte, le réacteur prévient lui-même de ce qui va se passer et laisse aux contre-réactions naturelles et au réglage par l'homme le temps d'agir.

Lorsque la température s'élève, les vibrations internes des noyaux d'uranium 238 (la version la plus stable de l'uranium) changent et ces noyaux deviennent capables d'absorber beaucoup plus de neutrons, ce qui ralentit la réaction en chaîne. C'est l'effet Doppler.

Un réacteur nucléaire utilisant de l'uranium naturel ne peut donc jamais se transformer en bombe atomique. C'est physiquement impossible car les neutrons qui alimentent la réaction en chaîne seront absorbés par l'uranium 238. Le combustible des armes nucléaires est composé d'uranium 235 ou de plutonium 239 presque purs.

Dans les réacteurs à eau comme ceux qui sont en fonctionnement en France, un autre phénomène contribue à la stabilité de la réaction. L'élévation de la température provoque la dilatation thermique de l'eau, ce qui a pour effet que les neutrons, moins ralentis, perdent de leur efficacité – on dit que le « coefficient de vide » est négatif.

Ces deux effets naturels permettent d'éviter l'emballement ou l'étouffement de la réaction.

Par ailleurs, l'opérateur du réacteur règle la position des barres de contrôle qui absorbent plus ou moins de neutrons dans le cœur du réacteur.

Tout cela permet l'exploitation des réacteurs dans des conditions normales. Si les circuits de refroidissement sont en panne, la température s'élève au point que l'eau se vaporise. Les neutrons ne sont plus ralentis. Ils ne peuvent plus faire fissionner les atomes d'uranium. Le coefficient de vide, qui permet de réguler la réaction en fonctionnement normal, arrête donc carrément la réaction en chaîne en cas de problème.

## Les REP, réacteurs à eau pressurisée

Cuve, barres de contrôle, zirconium, circuit primaire, circuit secondaire, corium, on parle de tout cela en cas d'accident. De quoi s'agit-il ?

En France les réacteurs en fonctionnement sont des REP, réacteurs à eau sous pression.

L'uranium naturel est d'abord « enrichi » en uranium 235, qui est fissile, dans l'usine de Tricastin. Le procédé utilisé jusqu'à présent consiste à produire du fluorure d'uranium, qui est gazeux, puis à séparer les fluorures d'uranium 235 et 238 en les faisant diffuser à travers une paroi poreuse. Il faut refaire l'opération plus de mille fois pour obtenir la teneur voulue, ce qui consomme beaucoup d'énergie : la production de deux réacteurs pour approvisionner la soixantaine de réacteurs nucléaires français. Désormais, l'enrichissement se fera avec un autre procédé, l'ultracentrifugation, qui consomme quarante fois moins d'énergie.

Puis le fluorure d'uranium est transformé en une poudre noire d'oxyde d'uranium, compactée pour former des pastilles cylindriques de 1 $cm^3$ environ. Celles-ci sont empilées dans des tubes cylindriques de 3 à 4 m de long, faits d'un alliage qui contient ce fameux zirconium qui, à haute température, réagit avec la vapeur d'eau pour former de l'hydrogène[1].

Les tubes sont assemblés en faisceaux en laissant libre l'emplacement des barres de contrôle qui permettent de réguler le fonctionnement du réacteur et qui, en cas de difficulté, tombent automatiquement et bloquent la circulation des neutrons.

1. Cet alliage a été préféré à l'acier inoxydable car il absorbe moins les neutrons.

**Centrale nucléaire**
**Réacteur à eau pressurisée (REP)**

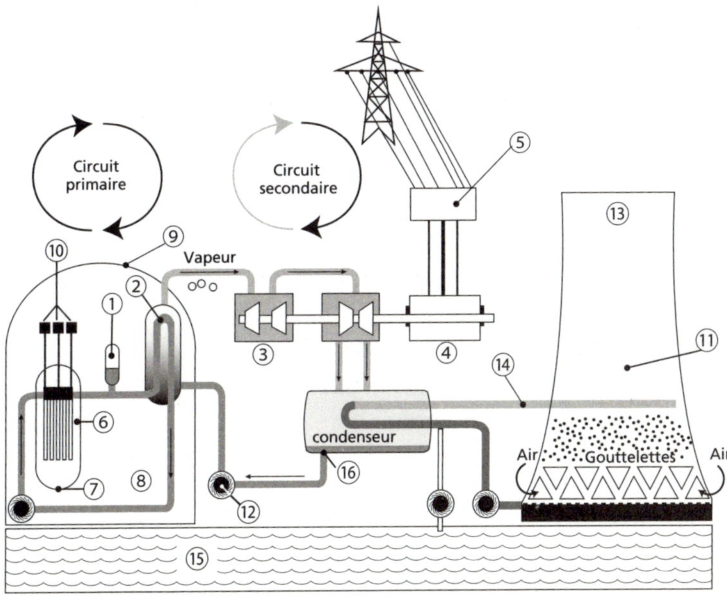


1. Pressuriseur
2. Générateur de vapeur
3. Turbine
4. Génératrice
5. Transformateur
6. Combustible
7. Cuve
8. Réacteur
9. Enceinte de confinement
10. Barres de contrôle
11. Tour de refroidissement
12. Pompe
13. Air humide
14. Circuit de refroidissement
15. Fleuve ou mer
16. Eau à l'état liquide

Les faisceaux de tubes sont rangés les uns à côté des autres dans un grand panier suspendu dans une cuve métallique très solide de 14 m de haut et 5 m de diamètre en acier de 23 cm d'épaisseur. Ce panier est le cœur du réacteur. Le chargement d'un réacteur d'une puissance d'un gigawatt

(1 GW)[1] est de l'ordre de 100 t de combustible. Ce combustible est renouvelé par quart tous les ans.

La cuve est pleine d'une eau sous pression dont le rôle est triple. Elle ralentit les neutrons pour qu'ils soient efficaces. Elle évacue sous forme de chaleur l'énergie dégagée par la réaction nucléaire. Par ailleurs, l'opérateur peut réguler la puissance du réacteur en injectant dans l'eau en plus ou moins grande quantité un produit qui absorbe les neutrons : le bore.

En régime normal la température de paroi des crayons où se trouve le combustible est de 300°C. Pour que l'eau ne boue pas, elle est maintenue à une pression de 150 atmosphères. Il y a trois ou quatre boucles d'eau de refroidissement. Elles forment le circuit « primaire ». Chaque boucle est équipée de sa pompe et passe par un générateur de vapeur, c'est-à-dire un échangeur de chaleur qui transmet la chaleur à l'eau du circuit « secondaire » qui est transformée en vapeur à 70 atmosphères.

La cuve, les systèmes de commande des barres de contrôle, l'ensemble du circuit d'eau primaire (conduites et pompes) et les générateurs de vapeur sont isolés de l'extérieur par une enceinte de confinement.

Un réacteur est arrêté quelques semaines tous les ans pour recharger une partie du combustible. Le combustible usagé est disposé dans des réservoirs pleins d'eau, connus sous le nom de « piscines », avant d'être transporté à l'installation de retraitement[2]. L'eau est un très bon écran pour arrêter les rayonnements. Par précaution, elle est chargée de bore pour absorber les neutrons et éviter tout risque de démarrage

1. La puissance moyenne des réacteurs en fonctionnement en France est un peu supérieure à 1 GW. Les plus récents ont une puissance de 1,4 GW. L'EPR aura une puissance de 1,6 GW.

2. Voir au chapitre V.

d'une réaction en chaîne. Le courant d'eau permet d'évacuer l'énergie dégagée par les combustibles usagés.

La vapeur actionne les turbines qui produisent de l'électricité[1].

Pour ramener la température à la sortie de la turbine à 20 °C, il faut condenser la vapeur. Elle passe donc dans un échangeur parcouru par une eau de refroidissement (le troisième circuit d'eau), eau de la mer si le réacteur nucléaire est proche de la côte, ou eau d'un cours d'eau si le débit est suffisant pour que l'élévation de température ne soit pas gênante. Si le débit du cours d'eau est insuffisant, l'eau de refroidissement est elle-même refroidie dans des tours de réfrigération atmosphérique. Ce sont ces grandes tours de 180 m de haut et 155 m de diamètre à la base où l'eau de refroidissement est elle-même refroidie par un courant d'air ascendant qui en vaporise une petite partie. Il faut prendre un peu d'eau dans le cours d'eau pour compenser celle qui se vaporise ainsi.

Des photomontages qui montrent côte à côte ces tours avec leur panache de vapeur transformée en brouillard et une cheminée d'usine avec sa fumée sont une forme de désinformation assez prisée des opposants au nucléaire.

### *Les opérations de « jouvence »*

Tous les dix ans les réacteurs font l'objet d'une visite de contrôle approfondie. Toutes les pièces peuvent être changées sauf la cuve où sont disposées les matières fissiles. Les structures du bâtiment et le génie civil peuvent être renforcés

1. Dans les REB, réacteurs à eau bouillante, l'eau du circuit primaire est transformée en vapeur et cette vapeur actionne les turbines qui produisent l'électricité. Il n'y a pas de circuit secondaire. Les réacteurs de Fukushima, au Japon, sont des REB.

si cela apparaît nécessaire et sous réserve des coûts. Avec l'âge et le bombardement intense des neutrons, l'acier de la cuve se fragilise. Il fait donc l'objet d'un contrôle très attentif. En Europe, les cuves de plusieurs réacteurs en Belgique, Suède et Finlande ont été bien plus sollicitées que celles des réacteurs en fonctionnement en France et continuent d'être bonnes pour le service.

Il est donc injustifié de déclarer *a priori* et sans plus d'explication qu'un réacteur devient irrémédiablement moins sûr lorsqu'il a dix ou vingt ans de plus.

### *Le rendement d'un réacteur nucléaire*

Conformément au deuxième principe de la thermodynamique, la quantité d'électricité produite ne peut pas être supérieure à une valeur qui dépend de la différence entre les températures d'entrée et de sortie de la chaleur. Si la température de la vapeur est de 300 °C et si la température de sortie de l'eau est de 20 °C, le rendement théorique maximal de production d'électricité est de 49 %. En pratique, si l'on compare l'énergie électrique et la quantité de chaleur nucléaire, le rendement est d'un tiers, le reste de la chaleur étant rejeté dans l'eau ou dans l'air.

Cette notion de « rendement » est souvent utilisée de façon défavorable au nucléaire.

Dans les décomptes officiels servant aux statistiques et à la rédaction de certains règlements, le rendement de la production d'électricité nucléaire est compté pour 1/3, ce qui est proche de la réalité. Mais le rendement d'une éolienne ou d'un panneau photovoltaïque est réputé égal à 1, ce qui est pure convention. Le rendement physique est évidemment très inférieur. Qu'importe ? se dira-t-on puisque cette énergie est gratuite. Et les promoteurs des énergies renouvelables de se féliciter d'améliorer le « rendement global du système énergétique de la France» chaque fois qu'un réacteur nucléaire est remplacé par des éoliennes ou du photovoltaïque. En réalité cette affirmation cache le fait qu'une considération économique (la gratuité de l'énergie du vent et du soleil) a été subrepticement introduite dans un raisonnement technique (la comparaison de rendements énergétiques). Ce mélange des genres, délibéré ou naïf, est à l'origine d'une illusion d'optique, d'une mystification qui fait florès dans la littérature antinucléaire et dans les documents officiels. Si l'on introduit une considération économique, il faut aller au bout et parler aussi du coût de l'investissement et de celui de l'intermittence de ces énergies inconstantes.

Si l'on compare une production nucléaire à une production d'électricité à partir de gaz, le rendement a effectivement une réalité physique. Il donne la préférence au gaz puisque le rendement énergétique d'une centrale au gaz dépasse 50 %. Mais, d'un point de vue économique, cette comparaison n'a guère de sens car l'énergie dégagée par une réaction nucléaire n'a en elle-même aucune valeur. Par ailleurs, le gaz, qui est importé, entre pour les trois quarts dans le coût de l'électricité alors que le minerai d'uranium entre pour seulement quelques pour-cent dans celui de l'électricité nucléaire. Si l'on pense à l'autonomie énergétique du pays, la notion de rendement ne sert donc à rien ; elle est même trompeuse. Il en est de même si l'on pense aux émissions de $CO_2$. Pourtant la réglementation thermique du bâtiment l'utilise de la même façon quelle que soit la façon dont est produite l'électricité – un beau succès des opposants au nucléaire[1].

1. Voir au chapitre XI.

CHAPITRE II

# Les risques du nucléaire. Les accidents, leurs causes, les leçons qu'on en tire

*Dans un réacteur nucléaire, les énergies tirées du cœur de la matière sont gigantesques et les produits générés sont toxiques. Une centrale nucléaire cumule les facteurs de risques d'une raffinerie avec ses énormes réservoirs de produits pétroliers et ceux d'une usine chimique produisant des produits toxiques et susceptibles d'exploser. On pense à la fois à Feyzin et à Bhopal en Inde. De plus, même à l'arrêt, un réacteur nucléaire continue de produire de la chaleur en grande quantité.*

*Un accident comme celui de Tchernobyl n'est pas possible en France. Mais un accident grave est toujours possible. Le scénario en était connu ; il s'est déroulé sous nos yeux à Fukushima.*

*Les incidents et les accidents permettent d'améliorer sans cesse la sécurité, qui repose sur la conception du réacteur, les automatismes et le facteur humain. L'EPR a tiré pleinement les enseignements de l'expérience, particulièrement ceux des deux accidents majeurs de Three Mile Island et Fukushima.*

## L'accident le plus grave

L'accident le plus grave a été décrit par l'IRSN, l'Institut de radioprotection et de sûreté nucléaire, bien avant l'accident de Fukushima[1].

L'accident dont il faut se prémunir dans toute la mesure du possible survient lorsque la chaleur dégagée par la réaction nucléaire n'est pas enlevée par l'eau du circuit primaire. Lorsque la température monte anormalement, les barres de contrôle qui absorbent les neutrons tombent automatiquement. Il suffit qu'une barre sur cinq tombe pour arrêter la réaction. Mais supposons que les barres, par exemple, restent coincées ou encore qu'un opérateur se trompe et les fasse remonter alors qu'il faut les faire descendre et que le système de protection soit défaillant. Quoi qu'il arrive, dans les réacteurs à eau pressurisée, REP, la réaction nucléaire ne peut pas s'emballer. Elle s'arrête très vite[2].

Mais il n'est pas impossible que le débit de l'eau de refroidissement soit insuffisant pour évacuer la chaleur qui se dégage des produits de fission, la réaction en chaîne étant elle-même arrêtée, si les pompes du circuit primaire sont en panne, ou s'il y a une fuite, ou si des vannes ont été malencontreusement ouvertes ou fermées, ou encore si la source froide qui permet d'évacuer la chaleur se tarit. C'est pourquoi les boucles d'eau du circuit primaire qui servent au refroidissement sont doublées, triplées, voire plus et sont équipées de pompes de secours alimentées par des moteurs diesel, eux-mêmes sécurisés.

1. http://www.irsn.fr/FR/Larecherche/publications-documentation/collection-ouvrages-IRSN/Documents/IRSN_reference_Accidents_Graves_REP.pdf.

2. Elle est étouffée par l'effet Doppler et par l'effet de vide – voir au chapitre I.

Si, malgré les installations de secours, le cœur du réacteur n'est pas suffisamment refroidi par l'eau du circuit primaire, la température montera au point de faire fondre les tubes qui contiennent le combustible. À cette température, le zirconium réagit avec la vapeur d'eau. Il lui prend de l'oxygène, ce qui libère l'hydrogène, un gaz qui, au contact de l'oxygène, peut exploser. Parmi les produits de fission, ceux qui sont gazeux à cette température se mêlent à la vapeur d'eau. Les autres se mélangent avec le combustible et les parois métalliques des tubes pour former une pâte, le corium, qui va s'écouler au fond de la cuve. Lorsque toute l'eau à l'intérieur de la cuve est évaporée, la pression monte à nouveau. La paroi de la cuve est épaisse mais, pour éviter qu'elle se rompe sous l'effet de la pression, il faut laisser partir de la vapeur. Celle-ci est polluée par des produits de fission, césium et iode particulièrement. Pour éviter que ces gaz se dispersent, les réacteurs sont protégés par une enceinte de confinement où est enfermé le circuit primaire. Des recombineurs d'hydrogène absorbent l'hydrogène, le combinent avec l'oxygène de l'air et le renvoient dans l'atmosphère sous forme de vapeur, un travail qu'ils font sans recevoir d'énergie de l'extérieur.

Jusque-là, il ne s'est rien passé de grave. Certes, le cœur du réacteur, dans la cuve, est détruit et il faut vérifier que la cuve, surchauffée, n'a pas souffert. Mais rien n'a filtré hors de l'enceinte de confinement. Le personnel exploitant la centrale s'est activé pour réparer le système de refroidissement, rétablir l'alimentation électrique, remettre les pompes en marche, désencombrer les circuits d'eau de refroidissement des débris qui les obstruent. Mais rien n'y fait. La pression dans l'enceinte de confinement augmente. Pour éviter que l'enceinte se fissure ou s'ouvre, ce qui laisserait partir sans aucun contrôle son atmosphère contaminée, il est préférable d'ouvrir des évents équipés de filtres pour retenir les aérosols et l'iode radioactifs. Certes, ce n'est pas parfait, mais ils retiennent une bonne partie des matières radioactives. Ainsi canalisée, la plus grande partie de ces matières radioactives restera à proximité de l'usine.

Le scénario de l'IRSN se poursuit ainsi. Si le corium continue de chauffer, il s'accumule au fond de la cuve et, au bout d'un moment, peut la percer. Il s'écoule alors sur le radier, c'est-à-dire la base du réacteur, une dalle en béton très épaisse. Les produits de fission vont continuer de dégager de la chaleur, moins qu'au début mais encore en grande quantité. Normalement (si, à ce stade, il est encore possible d'employer cet adverbe), il n'y a pas de réaction en chaîne car il n'y a pas d'eau pour ralentir les neutrons. Mais, si le corium est refroidi avec de l'eau, celle-ci ralentissant les neutrons, il n'est pas exclu que des réactions en chaîne redémarrent par endroits. C'est pourquoi on envoie de l'eau chargée de bore pour absorber les neutrons.

Il serait temps en effet que des circuits de refroidissement soient remis en marche car la situation commence à devenir sérieuse. On ne connaît pas bien la réaction entre le corium et le béton mais il est probable que le béton réagit en relâchant du gaz carbonique et petit à petit se désagrège. Le corium risque de le traverser et peut alors s'enfoncer dans le sol. S'il rencontre de l'eau, une explosion de vapeur n'est pas exclue. De toute façon, il va contaminer la nappe phréatique.

Le dispositif présenté ici rapidement est en place dans toutes les centrales en fonctionnement en France. On aura remarqué que selon ce scénario décrit par l'IRSN, il n'y a pas eu d'explosion et que les rejets ont été filtrés de sorte que les émissions de matière radioactive, même si elles n'ont pas été complètement évitées, sont réduites.

Tout cela ne peut arriver que si les moyens de secours ne sont pas intervenus. Les réacteurs ont donc été conçus pour que l'accident ne survienne pas (en doublant ou triplant les installations les plus critiques), bien sûr, et aussi pour donner aux moyens de secours le temps d'intervenir, même s'il faut faire appel à des secours extérieurs.

## Deux accidents graves sur des réacteurs à eau

La production d'électricité nucléaire a connu trois accidents graves, à Three Mile Island aux États-Unis, Tchernobyl en URSS et Fukushima au Japon, qui se sont traduits tous trois par la destruction du réacteur et, pour deux d'entre eux, par des émanations de produits radioactifs. À Tchernobyl, le réacteur était d'un modèle complètement différent de ceux qui fonctionnent en France. Cet accident est le premier qui ait causé la dispersion de matière radioactive. Ses conséquences sur la santé des ouvriers et de la population sont présentées dans les deux chapitres suivants.

### *L'accident de Three Mile Island, aux États-Unis*

Le réacteur était tout neuf, en 1979. Deux pompes sont tombées en panne. Les dispositifs de sécurité ont fonctionné mais les opérateurs ont fait exactement le contraire de ce qu'il fallait faire. Le cœur du réacteur a fini par fondre mais n'a pas traversé la cuve. Par précaution, 200 000 personnes ont été éloignées pendant plusieurs jours, mais il n'y a pas eu de relâchement de produits radioactifs à l'extérieur.

Cet accident fut riche d'enseignements car il est intervenu sur le même type de réacteur que ceux qui sont en exploitation en France, un réacteur à eau pressurisée. Il serait trop facile de dire que la cause de l'accident est la panne de deux pompes. Cela peut arriver dans la vie courante de l'installation. C'était envisagé et cela n'aurait pas dû tourner à la catastrophe. La véritable cause fut celle-ci : les opérateurs ont cru qu'une vanne était fermée alors qu'elle était ouverte, ce qui est tout à fait anormal. Le personnel, pendant un temps, fut désemparé. Depuis cet accident, les appareillages de mesure, la relation entre l'homme et la machine et la formation du personnel ont été revus. On donne au personnel des consignes précises en fonction de ce qu'indiquent les appareils de mesure.

Cet accident a aussi révélé un risque : la production d'hydrogène dans la cuve, par une réaction entre la vapeur d'eau et les gaines de combustible. On a craint une très grave explosion d'hydrogène, qui aurait pu ouvrir l'enceinte de confinement, répandant dans l'environnement des matières radioactives du cœur qui étaient passées de la cuve dans l'enceinte de confinement. C'est à la suite de cet accident que tous les réacteurs en France ont été équipés de recombineurs d'hydrogène.

L'utilité de l'enceinte de confinement a été démontrée. Mais, en cas de difficulté, pour éviter une surpression qui l'endommagerait, il faut pouvoir laisser partir à l'extérieur des gaz venant du cœur du réacteur. Pour retenir les aérosols radioactifs, dans toutes les centrales en France les évents ont été équipés de filtres.

Malheureusement, les enseignements qui auraient dû être tirés de l'accident de Three Mile Island ont été bien imparfaitement mis en œuvre par les Japonais.

### *La catastrophe de Fukushima*

La catastrophe nucléaire de Fukushima, le 11 mars 2011, n'a fait aucun mort et a envoyé dans l'environnement beaucoup moins de radioactivité que l'accident de Tchernobyl, mais elle a suscité une très forte émotion en France et dans le monde car elle est intervenue dans un pays développé qui maîtrise depuis longtemps la production nucléaire en utilisant des réacteurs à eau et uranium enrichi. Les réacteurs sont à eau bouillante (non pas à eau pressurisée comme en France) : l'eau se vaporise dans le cœur du réacteur et la vapeur va directement actionner les turbines. Il n'y a pas de circuit secondaire.

Les événements se sont déroulés conformément au scénario de l'accident le plus grave publié par l'IRSN. Le réacteur a été arrêté normalement, mais le tsunami avait mis hors d'usage le circuit de refroidissement et tous les systèmes de secours nécessaires à l'évacuation de la chaleur qui continue de se dégager après l'arrêt du réacteur. Il y a eu des explosions d'hydrogène. Il a fallu laisser partir des matières radioactives pour éviter une surpression au sein des enceintes de confinement. Les cuves ont été percées par le corium. Le radier n'a probablement pas été traversé. Quatre réacteurs sont hors d'usage et seront démantelés. C'est un risque industriel classique comme en connaissent toutes les grosses installations. Les dommages spécifiques au nucléaire sont dus aux rejets de matière radioactive et à leurs conséquences sur la santé. Nous en parlerons dans les chapitres suivants.

L'accident aurait-il pu être plus grave ?

La réponse est positive. Certes, une brutale augmentation de la puissance était physiquement impossible. Le corium, après avoir percé le fond de la cuve, était loin d'avoir traversé le socle de béton. L'eût-il traversé, il est probable, sans qu'on en soit sûr, que sa température aurait suffisamment baissé pour éviter une explosion de vapeur.

Par chance, sur les six réacteurs trois étaient à l'arrêt pour maintenance ou pour recharger le combustible. D'autre part, on a craint que le combustible usé, entreposé dans les « piscines », faute de refroidissement, chauffe au point de fondre. Dans la pire des situations, les rejets dans l'atmosphère auraient été non pas la moitié mais plusieurs fois ceux de Tchernobyl.

Autre élément favorable, les quatre cinquièmes des matières radioactives dispersées dans l'atmosphère ont été emportés par les vents sur la mer. Celles qui sont retombées sur le sol ont causé moins de dommages que si l'accident était arrivé à une époque où les paysans travaillent dans leurs champs et récoltent leurs produits.

L'accident aurait-il pu être évité ?

Une réponse semble s'imposer, une réponse positive. Mais attention à ne pas répondre trop vite ! L'expérience montre qu'après un tel accident il faut plusieurs années pour tout savoir et tout comprendre.

La société exploitante, TEPCO, a eu le tort de ne pas tirer les enseignements de l'accident de Three Mile Island. Elle n'avait pas installé de recombineurs d'hydrogène. Mais, l'aurait-elle fait, est-on sûr que l'explosion d'hydrogène aurait été évitée ? D'ailleurs, il n'est pas sûr que les explosions d'hydrogène dans le bâtiment réacteur, hors de l'enceinte de confinement, aient créé des dommages sérieux ; l'enceinte de confinement avait peut-être perdu son étanchéité du fait du séisme, avant les explosions d'hydrogène.

Autre négligence coupable : les évents par où sortaient les gaz irradiés n'étaient pas pourvus de filtres. Sans être parfaits, ils auraient retenu 90 % du césium et 30 % de l'iode radioactifs.

Et tout le monde se demandera encore longtemps comment il se fait que les protections contre les tsunamis aient été tellement insuffisantes : un mur de **six mètres** alors que chacun avait en mémoire les vagues de **quinze mètres** de tsunamis récents. C'est d'autant plus troublant que les responsables japonais avaient été alertés à plusieurs reprises par leurs homologues d'autres pays. Leurs ancêtres aussi continuaient de les alerter, qui avaient planté loin de la côte des stèles indiquant jusqu'où étaient montées les vagues des tsunamis en 1933, en 1896 ou d'autres plus anciens. Cela ne veut pas dire qu'il était impossible de construire là des réacteurs nucléaires mais le simple rappel de ces tsunamis aurait dû montrer combien le mur qui protégeait les réacteurs de Fukushima était dérisoire. Il n'était pourtant pas impossible de mettre hors d'eau, quelle que soit la violence des vagues, les installations les plus critiques. Quant au séisme, sa magnitude fut supérieure à celle qui avait servi au calcul des constructions mais, sauf peut-être certaines canalisations, celles-ci ont apparemment résisté.

Ces défauts de conception et de construction, auxquels s'ajoutent peut-être des défauts d'entretien, soulèvent de graves questions sur la relation entre le constructeur, l'exploitant et les autorités nationales de contrôle. Les Japonais en ont tiré quelques conséquences en renvoyant trois hauts fonctionnaires chargés de la politique nucléaire et en créant une nouvelle agence de sûreté nucléaire qui remplacera trois organismes qui dépendaient de trois services administratifs différents.

On se demande aussi pourquoi TEPCO a tellement attendu avant de commencer à refroidir les réacteurs et les piscines avec de l'eau de mer. Était-ce dans l'espoir de ne pas mettre les réacteurs hors d'usage ? Le directeur de la centrale a dû prendre lui-même la décision, contre ses autorités.

**Des enseignements pour la France**

Il ne faudrait pas se contenter d'aphorismes tels que « le risque zéro n'existe pas », « il faut penser l'inimaginable », etc. Ils sont exacts mais ne dispensent évidemment pas de pousser la réflexion plus loin.

On ne verra pas en France métropolitaine dans les quelques siècles à venir la conjonction d'un très gros tremblement de terre et d'un tsunami, mais l'accident de Fukushima amène à considérer le cas où les réacteurs sont soumis à plusieurs agressions à la fois. C'est sans doute le principal enseignement qu'il nous donne.

Un événement qui n'a pas eu de conséquence avait déjà suscité ce type de question. En décembre 1999, la centrale du Blayais fut inondée un jour de grande tempête, la vague passant au-dessus du mur de protection. L'alimentation électrique de deux réacteurs sur quatre a lâché et les moteurs diesel ont pris le relais. La tempête a chargé la Garonne de branches d'arbres et de détritus qui sont venus obturer l'entrée de l'eau de refroidissement, ce qui a arrêté un troisième réacteur. Pour compléter le tableau, la route d'accès était inondée, empêchant l'arrivée des secours, ne serait-ce que pour refaire le plein des réserves de fioul pour les moteurs diesel. On a été jusqu'à envisager d'évacuer la ville de Bordeaux, située à une trentaine de kilomètres, mais, en définitive, il a été possible de dégager l'entrée d'eau et le fioul n'a pas manqué car les réservoirs étaient pleins. L'événement a été classé au niveau 2 de l'échelle de gravité des incidents nucléaires, qui en comporte huit[1]. On avait déjà, en miniature en quelque sorte, les ingrédients de la catastrophe de Fukushima : la conjonction de deux défauts dont chacun est fatal (un défaut d'électricité et un défaut d'alimentation en eau), aggravée par l'impossibilité de recevoir de l'aide de l'extérieur. L'ASN et l'exploitant n'ont donc pas attendu l'accident de Fukushima pour réexaminer l'alimentation en eau de refroidissement et les risques d'inondation de toutes les centrales car, même sans parler de tsunamis, les risques d'inondation brutale existent, à la suite de rupture de digues ou de barrage.

Après l'accident de Fukushima, EDF a proposé de prendre plus de précautions encore. Après étude de ces propositions par l'IRSN, l'ASN a décidé de rendre obligatoires

1. Échelle INES (International Nuclear and Radiological Event Scale), créée en 1990 pour classer par ordre de gravité les écarts par rapport aux procédures : depuis 0, sans incidence sur la sécurité, jusqu'à 7, accident très grave avec des rejets majeurs de radioactivité dans l'environnement. Les accidents de Tchernobyl et Fukushima ont été classés 7 et celui de Three Mile Island, 5.

des travaux et des mesures de sûreté qui reprennent pour l'essentiel les propositions d'EDF.

Sur les centrales en fonctionnement en France, tout le risque se concentre sur un point : l'approvisionnement en eau. Il faut pour cela de l'eau, des canalisations en bon état, des pompes en état de marche et du courant. Toutes les centrales françaises s'assureront qu'elles disposent d'une source d'eau de secours au cas où la source principale ferait défaut. En plus des diesels de secours, sur chaque site, il y aura un diesel d'ultime secours.

EDF devra également identifier les fonctions essentielles, celles qui doivent pouvoir continuer à être remplies en toutes circonstances. Ensuite elle en renforcera la protection. Par exemple, les « piscines », c'est-à-dire les citernes où se trouve le combustible neuf ou usé, doivent toujours être pleines d'eau et cette eau doit être renouvelée et refroidie. Aujourd'hui, elles ne sont pas toutes protégées comme il le faudrait contre les séismes.

L'accident de Fukushima a également montré que, même dans les conditions les plus dures, il s'écoule quelques heures, voire une journée, avant que de la radioactivité soit rejetée dans l'environnement car, encore une fois, l'explosion soudaine est impossible. Cela laisse du temps pour organiser les secours. Mais, à Fukushima, ils ont été très longs à intervenir. Il a fallu faire appel à la Russie pour des canons à eau, aux États-Unis pour d'immenses barges de stockage d'eau irradiée et à la France pour l'épuration des eaux irradiées, pour ne citer que ces exemples. En France, on a donc décidé de constituer à l'échelon national une force d'intervention de secours dotée de moyens puissants pour refroidir un réacteur ou une piscine en détresse.

Il y a certainement beaucoup à redire sur la manière dont l'exploitant TEPCO a géré la sécurité de ses centrales, mais EDF et l'Autorité de sécurité nucléaire ont décidé de prendre exemple sur lui sur un point : la « bunkérisation » d'un poste de commande, c'est-à-dire la création d'un lieu hautement protégé contre toute agression où il sera possible de vivre plusieurs jours sans en sortir et d'où seront commandées les opérations à mener dans les situations très dégradées.

L'accident a confirmé que la sûreté repose non seulement sur les dispositifs techniques mais encore sur le comportement des équipes de pilotage, d'entretien ou de maintenance. L'ASN a attiré l'attention d'EDF et des entreprises sous-traitantes sur les conditions de travail de leurs personnels à qui ils doivent dispenser la formation et donner les moyens dont ils ont besoin, notamment le temps.

***

Peu de secteurs industriels portent autant de soin à la sûreté de fonctionnement des installations que la production d'électricité nucléaire. La sûreté ne cesse de se renforcer, ce qui permet aux adversaires du nucléaire d'en déduire qu'elle n'était pas suffisante auparavant et d'imaginer ce qui pourrait être fait pour plus de sûreté : on devine aisément qu'il y aura toujours une mesure de précaution supplémentaire à prendre.

Il serait sans doute possible de concevoir des réacteurs à eau pressurisée qui, en cas de grave accident, et sans aucune intervention extérieure, pourraient évacuer la chaleur sans émettre de radioactivité. Beaucoup moins gros que l'EPR, ils produiraient une électricité plus coûteuse. La sûreté serait-elle totale pour autant ?

Lorsque les précautions s'ajoutent aux précautions, les systèmes deviennent tellement compliqués qu'ils peuvent générer des risques auxquels nul n'aurait songé. Les proverbes nous viennent à l'esprit : deux précautions valent mieux qu'une, certes. Mais le mieux est l'ennemi du bien. Bornons-nous à rappeler que même si un luxe de précautions a été pris, beaucoup dépend du comportement des opérateurs : la sûreté repose sur une « culture de sûreté ».

Il apparaît souvent, après un accident, qu'ont été négligés des incidents ou des questionnements qui, s'ils avaient été analysés, auraient évité l'enchaînement qui a causé l'accident. D'où l'importance accordée aux retours d'expérience et à l'examen de tous les incidents, de tous les écarts, aussi minimes soient-ils. Encore faut-il connaître ces écarts pour les analyser. Il n'est pas facile à un opérateur ou à une équipe de signaler une légère défaillance qui a été spontanément corrigée et qui, objectivement, n'a aucun effet sur la sécurité. Pourtant, dans le secteur du nucléaire, c'est une règle qui fonctionne bien en France. Le pli a été pris. Non seulement tous les écarts sont signalés à l'ASN, mais encore ceux-ci sont publiés sur son site internet. Une centaine d'événements par an sont ainsi décrits et soumis à l'appréciation de tous.

Ceux qui se saisissent d'un événement mineur pour s'adresser à l'opinion publique en dénonçant ce qu'ils qualifieront abusivement de grave atteinte à la sûreté n'encouragent pas les opérateurs à signaler tous ces événements. Ceux qui se prennent ainsi pour des lanceurs d'alarme portent indirectement atteinte à la sûreté.

Pourtant, quels que soient la qualité des procédures, la compétence du personnel, le soin apporté à la surveillance en continu et aux inspections tant du matériel que de la pratique de la gestion, l'accident peut intervenir et causer des dommages à l'environnement naturel et humain. Il faut donc savoir ce que sont ces dommages.

Chapitre III

# Les effets de la radioactivité sur la santé

*Après un grave accident nucléaire, des particules radioactives transportées par le vent et la pluie ajoutent leur dose à celle que nous recevons de la radioactivité naturelle venant de l'espace et du sol et des examens médicaux.*
*La radioactivité, sauf lorsqu'elle est très forte, ne laisse pas de trace directe mais on observe une augmentation du nombre de cancers dans les populations touchées par plus de 100 mSv/an (millisieverts par an). En dessous de ce seuil, les nombreuses études épidémiologiques ne permettent de voir aucun effet de la radioactivité, ce qui ne veut pas dire qu'il n'y en a pas. On touche là aux limites de ce qui peut être observé. De leur côté, les recherches biologiques montrent que l'organisme vivant sait corriger les dommages causés par une faible radioactivité, comme il sait réagir aux innombrables agressions dont sont victimes ses cellules.*
*Faut-il convenir qu'il existe un seuil de nocivité ? Les instances internationales compétentes y réfléchissent.*

Combien de victimes l'accident de Tchernobyl aura-t-il causées en cinquante ans ? 4000 selon les uns ; plusieurs dizaines de milliers selon d'autres, voire plus. Et Fukushima ? Quelques-unes seulement, ou quelques centaines ? La réponse dépend de ce que nous savons ou de ce que nous croyons savoir de la nocivité de la radioactivité. C'est une question cruciale. Face au risque nucléaire, on n'évitera une réaction irraisonnée, voire une réaction de panique, qu'en ayant une claire vision de ce qui est connu et de ce qui est ignoré et en situant le risque nucléaire par rapport à d'autres risques. C'est pourquoi sont présentés ici les résultats d'études épidémiologiques et de recherches en cours.

La radioactivité créée par l'activité humaine est de même nature exactement que la radioactivité naturelle. Lorsque les doses sont faibles, les savants ne sont pas tous d'accord pour affirmer qu'il existe un seuil en deçà duquel la radioactivité n'est pas nocive. De la réponse à cette question dépendent non seulement le nombre de décès que l'on imputera à la radioactivité, mais aussi la surface des terrains inhabitables autour de la centrale de Tchernobyl ou autour de celle de Fukushima.

### Quand la mort rôde et menace au hasard – peut-être

Une très forte dose de radioactivité cause de graves dommages sur la santé, pouvant aller jusqu'à la mort à bref délai ou dans les quelques années qui suivent.

L'effet de doses moins fortes n'est pas visible. Sur 1 000 personnes touchées par la radioactivité, le nombre de cancers développés dans les décennies qui suivent sera plus élevé que dans une population non exposée. C'est comme une menace qui rôde et va frapper on ne sait quand et on ne sait qui. Sait-on du moins combien de personnes seront frappées ?

Dans l'ensemble de la population, la fréquence des cancers dépend de facteurs très différents : la consommation de tabac, le régime alimentaire, l'hérédité, la qualité de l'environnement, l'âge, etc. Pour avoir une idée de l'effet spécifique de la radioactivité, de nombreuses études épidémiologiques ont été faites sur des ensembles de personnes (on dit des « cohortes ») touchées par des doses plus ou moins fortes. Ces études ont observé leurs conditions de vie en notant ce qui pouvait favoriser ou non l'apparition d'un cancer et ont comparé le nombre de cancers (y compris de leucémies) qui se déclarent dans cette cohorte avec ce qui est constaté dans une autre population de mêmes caractéristiques non touchée par la radioactivité.

Ce sont des études statistiques. Elles comportent inévitablement un degré d'incertitude irréductible qui diminue lorsque les populations étudiées sont plus nombreuses. Lorsque la dose de radioactivité est moyennement forte, le nombre de cancers observé est suffisamment différent des fréquences habituelles pour que l'on puisse mesurer l'effet de la radioactivité.

Lorsque la dose de radioactivité est faible, chaque personne touchée a une très faible probabilité de développer un cancer imputable à cette radioactivité. Si les populations concernées sont très nombreuses, le nombre de cancers mortels dus à la radioactivité peut être élevé tout en restant petit comparé à l'imprécision des études épidémiologiques. Pour que la comparaison entre une cohorte touchée par une très faible radioactivité et une population non affectée soit significative, il faudrait que l'étude porte sur plusieurs millions de personnes, suivies pendant plusieurs décennies. Dans ces conditions, le plus simple, bien sûr, est de dire que le nombre de cancers est proportionnel à la dose reçue même si cette dose est très faible. C'est la RLSS, relation linéaire sans seuil. Cette règle est commode mais il est reconnu aujourd'hui que les fondements scientifiques que l'on avait cru pouvoir lui trouver ne sont pas valables. La RLSS ne vaut aujourd'hui que parce qu'elle fait consensus.

Le débat scientifique est vif. Non seulement les études ne montrent pas d'excès de cancers dans une population touchée par de faibles doses mais plusieurs observent que le nombre de cancers y est *inférieur* à la moyenne, comme si de faibles doses de radioactivité stimulaient dans l'organisme des mécanismes de défense pour mieux réagir à d'autres agressions facteurs de cancer.

Il est probable que les études épidémiologiques et la recherche scientifique feront évoluer le consensus et que l'on s'accordera sur l'existence d'un seuil en deçà duquel la radioactivité n'a pas d'effet dommageable sur la santé.

---

**Les unités de mesure de la radioactivité et de ses effets sur la santé**

Les dommages portés par la radioactivité à un organisme vivant dépendent du nombre de particules reçues, de l'énergie qu'elles transportent et de leur nocivité, qui dépend elle-même de leur nature et de la partie de l'organisme vivant qui est touchée.

Les unités de mesure sont nombreuses. On en citera seulement deux.

Le nombre de désintégrations nucléaires par seconde s'exprime en becquerels. Ce nombre est toujours très élevé. On compte couramment les becquerels par milliers ou dizaines de milliers.

Pour mesurer l'effet sur la santé, on utilise une autre grandeur: la « dose » de radioactivité. L'unité de dose est le sievert, le millisievert ou le microsievert. Si un rayonnement alpha[1] arrive sur la peau, l'organisme ne ressent pratiquement rien car il est arrêté par les cellules mortes qui forment la surface externe de la peau. Au contraire, un rayonnement gamma de même énergie est pénétrant et peut faire mal. Un rayonnement bêta cause beaucoup plus d'effets si la matière qui l'émet a été ingérée ou aspirée que si elle est à l'extérieur de l'organisme.

Pour rendre compte des dommages sur la santé, on multiplie l'énergie reçue par un coefficient de sensibilité qui dépend de la nature du rayonnement et de la partie du corps humain qu'il a touchée, et l'on convient que l'effet cumulé de plusieurs

1. Le rayonnement alpha est formé de noyaux d'hélium, le rayonnement bêta d'électrons, le rayonnement gamma de photons (comme les rayons X) – voir le chapitre I.

rayonnements touchant diverses parties est la somme des nocivités de chacun d'entre eux.
Pour évaluer l'effet de ces rayonnements sur un ensemble de personnes qui ne sont pas toutes touchées de la même façon, est calculée une dose collective en personne.sievert. Si 1000 personnes ont reçu 20 mSv et 50 personnes 200 mSv, la dose totale sera de 30 personne.sievert.
Il ne suffit pas de connaître la dose reçue. L'effet sur l'organisme d'une certaine dose de radioactivité n'est pas le même selon qu'il la reçoit en quelques secondes ou en un an. Le débit de dose s'exprime par exemple en millisievert par an (mSv/an) ou en microsievert par heure (µSv/h).

**Les faibles doses : quelques ordres de grandeur**

Le corps humain, qui contient du carbone et du potassium radioactifs, a une radioactivité de 120 becquerels par kilo (Bq/kg), ce qui veut dire qu'en moyenne, dans un corps humain de 66 kg, le nombre de désintégrations de noyaux de carbone ou de potassium est de 8000 par seconde. Ces désintégrations génèrent des rayonnements bêta et gamma qui, les uns comme les autres, affectent les cellules qu'ils rencontrent. La dose reçue de cette radioactivité interne au corps humain est de 0,2 mSv/an.
La radioactivité d'un mur en briques est de 600 Bq/kg. Celle du granite est généralement de 1400 Bq/kg, provenant du potassium 40 ; la présence d'uranium et de thorium la porte à 3000 Bq/kg en Corse, 3400 Bq/kg dans le Limousin et près de 6000 Bq/kg en Bretagne. Une plaque de granit de 4 cm d'épaisseur a donc une activité de 750000 Bq/m$^2$. Un homme qui resterait couché sur cette plaque recevrait d'elle une dose de 1,6 mSv/an.
La dose reçue du rayonnement cosmique est de 0,5 mSv/an à la surface du sol, 1,25 mSv/an à 3000 m d'altitude, 15 mSv/an là où volent les avions, beaucoup plus encore dans la station spatiale ! La dose du rayonnement venant du sol est, en France, de 0,1 à 10 mSv/an, celle venant du radon (un gaz radioactif naturel présent dans les régions granitiques)

est voisine de 1 mSv/an Au total la radioactivité naturelle en France est, en moyenne, de 2,4 mSv/an. Il existe dans le monde des régions où la radioactivité naturelle est supérieure à 20 mSv/an, comme au Kerala, une province de l'Inde où la moyenne est de 17 mSv/an avec des pics à 150 mSv/an, ou à Ramsar, station thermale bien connue sur la Caspienne, où elle dépasse par endroits 150 mSv/an.
La dose reçue pour une mammographie est de 1 mSv ; pour un examen de l'abdomen, de 9 mSv. La radiothérapie consiste à envoyer en des points très précis de l'organisme des doses résolument mortelles pour les cellules qui s'y trouvent, jusqu'à 100 Sv, une dose qui serait mortelle si elle n'était pas parfaitement ciblée.

## La règle de prudence applicable au plan international

La CIPR (commission internationale de protection radiologique) et l'ONU recommandent de considérer que le nombre de cancers induits par la radioactivité est proportionnel à la dose reçue, pour les très faibles doses comme pour des doses plus fortes, du moins tant que la dose reçue est supérieure à 1 mSv/an, c'est-à-dire la moitié de la dose de radioactivité naturelle.

Voici l'argument qui a servi de fondement à cette règle. Un rayonnement issu de la radioactivité transporte dans la matière une énergie suffisante pour détacher des électrons de leurs atomes. C'est pourquoi on les appelle souvent « rayonnements ionisants ». Ces électrons, agissant de manière indépendante, peuvent causer des dommages dans l'ADN des cellules ou faire apparaître des « radicaux libres » qui, eux aussi, peuvent s'attaquer à l'ADN. Or l'ADN, sous la forme de deux longs brins enlacés comme une double hélice, porte le message génétique de la cellule. Les cassures de l'ADN peuvent causer une mutation. La probabilité de mutation serait donc proportionnelle à la dose reçue. Si on admet que la probabilité de développer un cancer est proportionnelle au nombre de mutations, cette probabilité est aussi proportionnelle à la dose reçue. L'explication est simple et l'utilisation de cette règle est tout aussi simple. C'est la RLSS, relation linéaire sans seuil.

Comme l'observation des survivants d'Hiroshima et Nagasaki n'excluait pas une relation linéaire, il n'est pas surprenant qu'elle ait été retenue comme un guide pour prendre les mesures de précaution.

Selon la RLSS, dans une population de 100 000 personnes ayant reçu chacune une dose de radioactivité de 10 mSv, le nombre de cancers fatals dans les cinquante ans à venir imputables à cette dose serait de 50.

### La limite de ce qui peut être observé par les études épidémiologiques

Une révision récente de l'évaluation des doses reçues à Hiroshima et Nagasaki montre que la probabilité de développer un cancer augmente plus vite que linéairement pour des doses reçues de quelques centaines de mSv. Elle montre aussi, pour les leucémies, une diminution du risque spontané lorsque la dose reçue est inférieure à 100 mSv. On a également observé cela dans le cas de contaminations par des rayons alpha émis par du radium et du thorium.

Des études[1] ont porté sur les radiologues et techniciens de radiologie qui, en quarante ans, ont reçu 1 000 mSv, sur les ouvriers des chantiers navals du New Hampshire exposés

1. Sur le site Internet www.hprevot.fr quelques-unes de ces études sont sommairement présentées.

aux rayons du cobalt 60 depuis les années 1950, sur les populations habitant des régions où la radioactivité est de plusieurs dizaines de mSv/an en Inde et en Chine, sur les personnes qui ont reçu des irradiations faites à des fins de diagnostic, sur les travailleurs du nucléaire. Sauf exception, ces études ne montrent pas d'effet sur le nombre de cancers lorsque la dose reçue en une fois ou en une année est inférieure à 100 mSv. En cas de radiothérapie, les organes voisins de ceux qui sont traités, s'ils reçoivent moins de 50 mSv, ne développent pas de cancer ni de leucémie. On observe même souvent une meilleure résistance aux cancers.

Quelques études, très peu nombreuses, concluent dans un sens différent. Ainsi, dans une population de 20 000 personnes vivant près du complexe industriel de Mayak, en Sibérie, une proportion mesurable de leucémies semble devoir être imputée à la contamination radioactive.

Une grande étude faite sur les travailleurs du nucléaire a fait l'objet de controverse. Elle a dessiné le « nuage de points » représentant la fréquence des cancers en fonction de la dose reçue. Elle a supposé *a priori* l'existence d'une RLSS et a demandé à un programme informatique de calculer, au vu de ce nuage, les termes de la corrélation. Le résultat surprend car il est très différent du consensus sur la RLSS. Des commentaires critiques ont montré que la dispersion des observations était telle que la RLSS, si elle n'avait pas été supposée *a priori*, n'aurait pu être découverte. Cet exemple montre à quel point le résultat d'une recherche peut être orienté par ce que l'on souhaite y trouver et combien il est difficile de déceler un effet des petites doses de radioactivité.

Les causes de cancer sont multiples, parfois bien identifiées comme l'habitude de fumer, parfois beaucoup plus sourdes et complexes (le genre de vie, l'hérédité). Elles peuvent entrer en synergie et agir de manière différée. Dans ce maquis de causes enchevêtrées, connues ou supposées, comment repérer, si elle existe, l'incidence d'une faible dose de radioactivité ?

Voici un autre exemple qui me paraît significatif des difficultés rencontrées par les études épidémiologiques sur les faibles doses. Une vaste enquête connue comme l'« étude d'Oxford » a analysé l'effet sur le fœtus d'une pelvimétrie, examen qui émet une dose de radioactivité estimée à 10 mSv. Cette étude constate une augmentation significative du nombre de cancers, qui serait conforme à une RLSS. Mais cette interprétation fait l'objet de critiques. La sensibilité à la dose serait dix fois supérieure à celle qui a été observée pour des doses beaucoup plus élevées chez les survivants d'Hiroshima et de Nagasaki, et elle serait indépendante de l'organe où se développe le cancer, ce qui est en contradiction avec toutes les autres études. Une autre critique, bien qu'indirecte, est facile à comprendre. Les jumeaux ont fait l'objet d'examen radio *in utero* plus fréquents que la moyenne. Ils devraient donc, selon les conclusions de cette étude, développer des cancers plus fréquemment que la moyenne. Or il n'en est rien. Toutes ces observations amènent à se demander si l'ensemble des femmes qui ont fait l'objet de cette vaste « étude d'Oxford » formait un échantillon réellement représentatif. Il se pourrait par exemple que les motifs qui conduisent à pratiquer une pelvimétrie causent ou manifestent un risque de cancer légèrement supérieur à la moyenne. Il se pourrait aussi que la dose reçue au cours d'une pelvimétrie soit supérieure à 10 mSv. En tout cas un éventuel effet sur le fœtus d'une irradiation reçue par la mère n'a été confirmé ni à Hiroshima ni à Tchernobyl et les enquêtes suédoises et américaines récentes excluent un risque cancérogène pour le fœtus dont la mère a subi une irradiation pelvienne à l'occasion d'un diagnostic.

Par ailleurs, les observations faites après l'accident de Tchernobyl ne contredisent pas les études qui suggèrent que les faibles doses ne créent pas de dommages mesurables sur la santé[1].

De très nombreux essais ont été faits sur l'animal. On n'observe presque jamais de relation linéaire. Tout au contraire l'effet augmente plus que linéairement pour les doses plus importantes et il est nul dans le cas de faibles doses. Si celles-ci sont très faibles, on observe même très fréquemment que les rayonnements ionisants renforcent l'organisme dans sa lutte contre l'apparition de cancers (phénomène d'hormésis). Mais ce qui est observé chez les animaux ne peut pas être transposé purement et simplement chez l'homme.

Après l'accident de Fukushima, le Japon a décidé de mener une très grande étude sur les conséquences sanitaires pour la population. Il sera intéressant d'en connaître les conclusions, dans plusieurs années. Mais il serait étonnant qu'elle puisse apporter des informations nouvelles sur l'effet direct de très faibles doses de radioactivité.

**Le suivi sanitaire des victimes de bombardements d'Hiroshima et de Nagasaki**

Les 6 et 9 août 1945, les deux bombes atomiques ont tué immédiatement, par effet de souffle et par le feu, deux cent mille personnes. Cent mille ont survécu. Cinquante ans après, la moitié d'entre elles sont encore vivantes.

Cinquante mille personnes parmi les survivants ont fait et font encore l'objet d'études épidémiologiques de très grande ampleur. C'est à partir du nombre de cancers observés sur cette population que la CIPR a arrêté la relation linéaire sans seuil entre la dose reçue et le nombre de cancers.

Dans cette population, en soixante ans, l'excès de cancers, en comparaison avec une population non affectée par la radioactivité autre que naturelle, est inférieur à cinq cents alors que

1. Voir le chapitre suivant.

le nombre de cancers spontanés fut de cinq mille. Aucune augmentation des maladies génétiques n'a été observée parmi les enfants des personnes irradiées.
Cette irradiation a donc eu un effet sur le nombre de cancers, mais bien moindre que les autres facteurs liés à l'environnement ou au comportement. Quant aux doses les plus faibles, on a observé moins de leucémies dans un groupe de survivants d'Hiroshima et de Nagasaki que dans un groupe témoin.

---

## *Une exploitation « habile » des résultats d'études*

Les données recueillies au cours d'études sérieuses sont parfois sélectionnées de façon qui – disons – n'a rien de scientifique par des organismes qui n'ont rien de scientifique pour en tirer, sinon des conclusions, du moins un effet médiatique. En voici deux exemples.

Parmi les observations faites pour une étude de portée générale sur les effets des rayonnements, il apparaît que, pendant quelques années, le nombre de leucémies infantiles à proximité d'une centrale nucléaire fut deux fois plus important que ce qui était attendu. Ce résultat a fait l'objet d'une demi-page dans un grand journal. L'IRSN, qui avait participé à l'étude, a dû faire une mise au point : sur l'ensemble de la période étudiée, le nombre de leucémies dans la zone entourant cette centrale n'est pas supérieur à ce qui était attendu et, à l'intérieur de cette zone, il n'y a aucune corrélation entre le nombre de cas et la radioactivité provenant de la centrale – qui n'est qu'une toute petite fraction de la radioactivité naturelle.

En France, comme dans d'autres pays, on observe une augmentation du nombre de cancers de la thyroïde et certaines organisations ont cru pouvoir l'imputer à l'accident de Tchernobyl. Mais le nombre de cas décelés, en forte croissance en effet, avait commencé d'augmenter avant l'accident de Tchernobyl et la courbe de croissance n'a pas été modifiée par l'accident. De plus, d'une région à l'autre, on ne voit aucune corrélation entre le nombre de cas et la radioactivité mesurée.

## Les réactions des tissus vivants aux faibles doses de radioactivité

Quelle est la réalité ? Le consensus n'a pas encore été trouvé entre les savants. Il serait possible de sortir de cette incertitude si l'on arrivait à voir dans une tumeur cancéreuse une signature qui indique qu'elle a été causée par un rayonnement ionisant ou si l'on comprenait suffisamment bien la genèse d'un cancer et les mécanismes de défense de l'organisme. Il sera sans doute difficile d'obtenir cette signature, sauf peut-être dans quelques cas très particuliers, car les mécanismes qui participent aux mutations cancéreuses induites par les rayonnements sont les mêmes que ceux provoqués par le métabolisme cellulaire normal, qui concourent entre autres à notre vieillissement. Par contre, la science progresse bien dans la compréhension des mécanismes impliqués dans la réparation des lésions de l'ADN et le devenir des cellules lésées.

Sans entrer dans les détails, disons seulement qu'il ne suffit pas de comprendre comment la cellule a été blessée : non seulement la cellule peut réagir à l'agression mais encore elle n'est pas seule, elle appartient à un tissu.

La cellule contrôle en continu l'intégrité de l'ADN, qui est agressé en permanence de multiples façons. Les altérations causées par un rayonnement sont corrigées avec un risque d'erreur qui augmente plus vite que la dose de radioactivité reçue. Lorsque la dose est très faible, il apparaît que les cellules « préfèrent » mourir plutôt que de dépenser des efforts à se réparer avec des risques d'erreur. Le type de réaction cellulaire varie donc en fonction de la dose. On observe aussi qu'après une première irradiation à faible dose, la radiosensibilité est plus faible, comme si les cellules s'adaptaient à leur environnement.

L'agression par la radioactivité suscite aussi une réaction de l'ensemble du tissu. C'est visible si l'on compare les effets d'une irradiation homogène affectant toutes les cellules à ceux d'une autre, de puissance comparable mais hétérogène, à travers une grille par exemple. Dans le cas d'une agression qui épargne une partie du tissu vivant, les cellules qui ne sont pas touchées vont bloquer la prolifération des cellules que l'irradiation a transformées en cellules cancéreuses. Si la dose augmente, le nombre de cellules cancéreuses augmente mais l'effet sur le tissu reste très faible tant que les barrières dressées par les cellules saines demeurent. Lorsque la dose de radioactivité augmente au point de faire tomber ces barrières, les dommages, c'est-à-dire le risque de cancer, augmentent en même temps que la dose.

Comme tout ce qui touche au vivant, la réalité du cancer induit par les rayonnements est évidemment bien plus compliquée et nous ne sommes pas à la veille d'en comprendre tous les mécanismes. Il est donc bien imprudent de vouloir en donner une explication simpliste comme celle qui soustend la RLSS.

Les études approfondies et très controversées des conséquences de l'accident de Tchernobyl ont conduit à penser que la radioactivité pourrait être la cause de pathologies auxquelles nul n'avait pensé faute de concevoir les mécanismes qui les font apparaître : maladies cardio-vasculaires, cataractes, pathologies digestives, troubles du comportement. Mais rien de cela n'est établi.

On s'est aperçu par ailleurs que des cellules non irradiées peuvent être victimes de l'irradiation, qui agirait non seulement sur les cellules qu'elle touche mais aussi sur les communications entre cellules. Par ailleurs, des observations récentes sur les mammographies semblent montrer que, sur certaines personnes particulièrement sensibles, des petites doses ponctuelles de radioactivité augmentent la probabilité de lésion non réparée de l'ADN, ce qui pourrait présenter un risque de cancer et nécessite une attitude prudente.

Disons aussi que l'on a observé à Tchernobyl, mais pas à Hiroshima, des modifications dans les gènes des enfants d'hommes touchés par la radioactivité. Ces modifications sont localisées dans des parties du gène qui ne sont pas fonctionnelles. Elles ne se traduisent donc par aucun effet – mais peuvent toujours alimenter des fables sur le risque génétique dont on n'a pour l'heure aucune preuve dans la lignée humaine alors que ce risque existe chez les espèces de laboratoire.

Ne perdons pas de vue que les cellules du corps humain subissent chaque jour des millions d'agressions de toute sorte et réagissent sans cesse en étant réparées ou en se « suicidant ».

**Vers un nouveau consensus ?**

La radioactivité est un phénomène naturel et les doses de radioactivité venant de l'espace et du sol sont très différentes d'une région à l'autre. L'homme a ajouté à cette radioactivité celle des armes atomiques, y compris les essais aériens ou souterrains. Pour les diagnostics médicaux et pour soigner, il continue de générer une radioactivité à faible dose unitaire mais très largement distribuée.

En cas d'accident nucléaire, les doses de radioactivité supplémentaires sont dispersées et retombent aléatoirement sur le sol.

Toutes ces doses s'ajoutent. Tant qu'elles restent faibles, il est difficile, voire impossible de mesurer leurs effets sur la santé. Il est convenu aujourd'hui que le nombre de cancers induits est proportionnel à la dose reçue. Cette règle est commode car elle est facile d'usage et elle permet d'imputer à chaque cause un nombre de cancers : chacune ajouterait un nombre de cancers indépendamment des autres facteurs. Mais cette règle est fausse. Le tabagisme rend beaucoup plus sensible à l'effet du radon par exemple. Il est probable que l'effet des doses moyennement fortes[1] est plus marqué que ce qu'indique une relation linéaire et qu'en sens opposé l'effet des faibles doses est moindre, et même nul en deçà d'un certain seuil. Pour représenter cela, on parle de plus en plus d'une relation « quadratique », c'est-à-dire que l'effet serait à peu près proportionnel au carré de la dose.

Plusieurs études observent que les populations soumises en permanence à une faible dose de radioactivité résistent mieux aux cancers.

Mais tous les êtres humains ne sont pas également sensibles aux rayonnements, de sorte que le seuil de nocivité, qui existe probablement, n'est pas le même pour tous. Peut-on alors fixer une même règle applicable à tout le monde ? Les autorités internationales en viendront sans doute à considérer qu'il existe un seuil, autour de 20 mSv/an, en deçà duquel la radioactivité n'a pas d'effet sur la santé à condition de revenir progressivement vers des expositions plus faibles. Ce niveau de dose serait sensiblement plus bas que la radioactivité naturelle observée dans certaines régions du monde et beaucoup plus bas que le niveau de radioactivité en dessous duquel aucun effet sur la santé n'est perceptible.

1. Quelques centaines de mSv.

## Chapitre IV

# À Tchernobyl et à Fukushima
# Santé et conditions de vie

*Après la catastrophe de Tchernobyl, celle de Fukushima montre qu'il est possible de limiter à très peu de chose l'impact sanitaire des émissions radioactives car l'accident laisse le temps d'évacuer les personnes habitant à proximité.*
*L'état sanitaire des populations touchées par les émissions radioactives de Tchernobyl est mauvais. Le rapport rédigé conjointement par les organes de l'ONU (OMS, PNUD, UNICEF et autres) donne des éléments concrets montrant que cette situation déplorable n'est pas due à l'effet direct de la radioactivité mais à des causes politiques, économiques et sociales et à l'inquiétude causée par les émissions radioactives.*
*Un grave accident rend pendant longtemps de vastes zones inhabitables ou inhospitalières. Les Japonais nous montreront peut-être comment les décontaminer puis comment les recoloniser en apprenant à vivre à côté de foyers de radioactivité localisés avant que celle-ci n'ait complètement disparu.*

### Tchernobyl

La situation sanitaire dans la région de Tchernobyl, en Bélarus et en Ukraine, est déplorable. Il n'est donc pas surprenant que le rapport publié par l'UNSCEAR[1] en 2000, selon lequel le bilan de l'accident était d'une quaran-

1. United Nations Scientific Committee on the Effects of Atomic Radiation.

taine de décès parmi les 237 pompiers gravement touchés et 2000 cancers de la thyroïde chez l'enfant, ait choqué l'opinion publique et la presse qui n'ont pas trouvé de mots trop durs pour condamner le rapport et ses auteurs. Ce fut au point que le secrétaire général de l'ONU, Kofi Annan, demanda un rapport à l'OCHA[1]. Au vu de ce rapport, Kofi Annan déclara: «plus de sept millions de nos frères [...] continuent de souffrir chaque jour de ce qui s'est passé. On ne connaîtra peut-être jamais le nombre de victimes, trois millions d'enfants ont besoin d'être soignés, beaucoup mourront prématurément». Le président de l'UNSCEAR n'a pas pour autant modifié ses conclusions. Après un long travail en commun, l'OCHA, l'OMS, l'UNICEF et le PNUD ont publié un rapport en 2002. L'UNSCEAR a publié en 2011 l'annexe D: «Health effects due to radiation from the Chernobyl accident», extension de son rapport de 2008: «Sources and effects of ionizing radiations». Cette annexe D apporte quelques modifications au rapport publié en 2000.

Parmi les produits qui ont été envoyés dans l'atmosphère par le gigantesque incendie du réacteur de Tchernobyl, les particules venant du combustible sont retombées assez vite, à proximité du réacteur. Au-delà, les produits qui ont causé la plus forte irradiation sont un isotope radioactif de l'iode et un isotope radioactif du césium. L'iode radioactif a une demi-vie d'une semaine, ce qui veut dire que son activité est spontanément divisée par 2 en une semaine, par 16 en un mois, par 1000 en dix semaines. L'iode et le césium ont été transportés sur de fines particules liquides ou solides qui se sont déposées sur le sol, parfois très loin de Tchernobyl. L'iode radioactif s'est retrouvé ensuite dans le lait des vaches qui ont brouté de l'herbe contaminée. Il s'est alors attaqué à la thyroïde, surtout chez les enfants. Il est facile de s'en protéger en prenant quelques pastilles contenant de l'iode

1. Office for the Coordination of Humanitarian Affairs.

courant, non radioactif, qui en saturant la thyroïde empêche son congénère radioactif d'y pénétrer et d'y causer un cancer de la thyroïde qui se soigne heureusement relativement bien. Quant au césium, dont la durée de demi-vie est de trente ans, il est la source principale de la radioactivité durable due à l'accident de Tchernobyl. Contrairement à une idée fort répandue, la contribution du césium à la radioactivité est aujourd'hui de l'ordre de grandeur de la radioactivité naturelle pour 98 % de la population d'Ukraine et de Bélarus.

Parmi les ouvriers présents sur le site de l'accident, 134 ont reçu de très fortes doses dont les effets ont été visibles immédiatement. 28 d'entre eux sont décédés très rapidement. 19 autres sont morts depuis sans que l'on puisse être sûr que le décès soit directement dû à la radioactivité. Les survivants souffrent surtout de maladies de peau et de cataracte. À part ces cas dramatiques, les 530000 « liquidateurs » qui ont travaillé sur le site ont reçu entre 10 et plus de 1000 mSv, 85 % d'entre eux ayant reçu entre 20 et 500 mSv. La dose moyenne reçue par les liquidateurs est de 120 mSv/p.

En reproduisant ce nombre, que l'on trouve dans les rapports officiels, j'ai conscience qu'il ne veut pas dire grand-chose car chaque personne est sensible à la dose qu'elle a reçue, non pas à la dose moyenne. Cependant, pour les épidémiologistes, c'est une indication importante qui permet d'établir une relation entre le niveau de la radioactivité et le nombre de décès imputables à cette radioactivité. Dans cette population de liquidateurs, à part quelques indices inconstants d'augmentation du nombre de leucémies, et à part les cataractes chez ceux qui ont reçu les plus fortes doses, on ne voit aucun effet mesurable de l'exposition sur la santé. Aucun excès de cancer, aucune autre pathologie n'est directement attribuable aux rayonnements ionisants.

Dans la population en général, le rapport de l'UNSCEAR confirme que la source principale d'irradiation fut le lait pendant les premiers jours après l'accident. Le nombre de cancers de la thyroïde est de près de 7000 chez les sujets jeunes et la plupart sont dus à l'irradiation de la thyroïde. Le nombre de décès, en 2005, était de 15.

115000 personnes ont reçu en vingt ans une dose moyenne de 31 mSv due à l'accident nucléaire, c'est-à-dire à peu près la même chose que la radioactivité naturelle. Aujourd'hui, la radioactivité due à cet accident est très inférieure à la radioactivité naturelle en Europe ; la radioactivité totale est inférieure à 4 mSv/an.

Le rapport constate que l'on ne pourra pas connaître exactement le nombre de décès « statistiques » imputables en définitive à ces rejets. Il indique la dose globale reçue par les personnes en distinguant cinq catégories de population. Il note aussi que la relation entre la dose et le nombre de décès « statistiques » fait l'objet de controverse. Il laisse donc au lecteur le soin de calculer le nombre de décès causés par l'accident de Tchernobyl.

**Une évaluation du nombre de décès imputables à la radioactivité causée par l'accident de Tchernobyl**

Le calcul qui suit suppose que le nombre de cancers est proportionnel à la dose reçue, avec 5 décès en cinquante ans dans une population de 100000 personnes recevant chacune une dose de 1 mSv.

S'il n'existe pas de seuil de nocivité, ce calcul conduit à 3200 décès parmi les 530000 liquidateurs, 175 décès parmi les 115000 personnes évacuées ; 3000 décès parmi les 6,4 millions de personnes vivant sur les terrains contaminés (ayant reçu plus de 37000 Bq/m$^2$, soit plus de 0,4 mSv/an). Parmi les 600 millions de personnes ayant reçu chacune une très faible dose, le nombre de décès serait de 14000. Le nombre total des décès serait alors de 20000, sans compter les décès causés par les cancers de la thyroïde.

S'il existe un seuil à 30 mSv, on retrouve 3200 décès parmi les liquidateurs ; mais on en compte moins de 150 parmi les personnes évacuées. Et l'on ne trouvera pas de décès dans les autres populations, où chaque personne a reçu moins de 30 mSv. Soit un total 3 150 décès sans compter les décès dus aux cancers de la thyroïde.

---

Sans seuil de nocivité, le nombre de décès serait de 20 000 ; avec l'hypothèse qu'il existe un seuil de 30 mSv reçus en vingt ans, il serait de 3 150.

L'écart très impressionnant entre la réalité telle que nous la décrit ce rapport de l'ONU et l'image de désolation et de sourde menace qui a été popularisée vient sans doute du vieux fond de peur alimenté par le nucléaire, et aussi du fait que la radioactivité du césium se détecte et se mesure avec une très grande sensibilité. Et cette peur a été alimentée aussi par l'évacuation de 300 000 personnes, par le spectacle navrant des villes et des villages désertés et des 2 000 km$^2$ de terres laissées à l'abandon[1].

L'opinion est mal informée de ce qui a été réalisé depuis pour reconquérir l'usage des sols : le choix des plantes qui laissent le césium dans le sol, les engrais qui dissuadent les racines de rechercher leur nourriture dans le sol, le labour qui enfouit le césium, le bleu de Prusse qui, introduit dans la nourriture animale, fixe le césium et l'empêche d'aller dans la viande. Il faut évidemment prendre des précautions. Une cartographie précise des dépôts de césium indique aux agriculteurs où cultiver et où faire paître leurs animaux. La pêche dans certains lacs ou rivières est interdite de même que la cueillette de champignons dans les zones infectées, mais la vie a repris.

Il reste vrai que l'état de santé des personnes affectées par l'accident de Tchernobyl est mauvais.

Beaucoup d'erreurs ont été commises. Tout d'abord de ne pas avoir évacué suffisamment tôt les voisins immédiats

1. Cf. rapport UNSCEAR, alinéa A144, p. 38.

de la centrale. Surtout de n'avoir pas distribué des pastilles d'iode et d'avoir laissé les enfants boire du lait chargé d'iode radioactif. C'est à cette négligence que l'on doit les 7 000 cancers observables hors les liquidateurs. Ensuite le manque d'accompagnement sanitaire et social a laissé des millions de personnes dans la peur, l'inquiétude et le désarroi, éloignées de leur lieu de vie, au chômage, dans la pauvreté, mal nourries, mal soignées pour les maladies banales dont elles souffraient puisque les crédits de l'État et l'aide internationale ont financé des hôpitaux ultramodernes équipés pour soigner les personnes gravement irradiées. À quoi on peut ajouter les dizaines de milliers d'avortements – on parle de 100 000 – causés par cette peur mal fondée.

Kofi Annan avait raison : des millions de personnes ont été affectées dans leur santé par la radioactivité, à vrai dire par la peur des effets de la radioactivité et par la désorganisation sociale et économique imputable à la gestion de la crise.

## L'accident de Fukushima

### *Les rejets radioactifs et les retombées*

Combien de produits radioactifs ont-ils été émis ? 10 % des rejets de Tchernobyl, comme l'a estimé l'IRSN, ou 40 %, selon une étude publiée en novembre 2011 par Andreas Stohl et son équipe de l'institut norvégien de recherches sur l'atmosphère ? Les évaluations *a posteriori* des émanations sont difficiles car elles dépendent des hypothèses faites sur la proportion de produits radioactifs qui s'échappent dans l'atmosphère. Par ailleurs, l'équipe de Stohl considère que les combustibles usés de la piscine de rétention du réacteur ont fourni beaucoup de césium 137. En février 2012, l'IRSN évaluait les rejets d'iode au dixième et les rejets de césium au tiers de ceux de la catastrophe de Tchernobyl.

Très vite il a été décidé d'évacuer toutes les personnes habitant à moins de 20 km de la centrale, en oubliant que les retombées de matière radioactive, dépendant beaucoup des vents, de la pluie et de la neige, sont très hétérogènes. Comme l'avait amplement montré l'accident de Tchernobyl, elles peuvent être abondantes, par endroits, assez loin de l'usine.

La plus grande partie des émanations radioactives a été dispersée dans la mer. Lorsque le vent a soufflé du sud-est, quatre ou cinq jours après l'accident, la pluie et la neige ont rabattu les aérosols radioactifs sur le sol, formant des taches, les fameuses « taches de léopard ». Quelques jours plus tard, un vent du nord-est a emporté des aérosols radioactifs dans la région de Tokyo.

### *L'effet de l'accident sur la santé : radioactivité et effets indirects*

Aussi étonnant que cela puisse paraître, cet accident spectaculaire et très impressionnant causera très peu de décès.

Sur le site de la centrale, à la fin de 2011 ont travaillé près de 18000 employés de TEPCO et des sociétés sous-traitantes[1]. Ils sont nombreux car ils restent peu de temps sur le site pour limiter la dose de radioactivité reçue. Moins de 200 ont reçu une dose supérieure à 100 mSv. Parmi eux, 24 ont reçu entre 150 et 250 mSv, 9 ont reçu des doses plus importantes. Trois d'entre eux qui avaient pataugé dans de l'eau très radioactive ont souffert de brûlures aux jambes

1. D'autres personnes ont travaillé sur le site, pompiers, employés municipaux, etc.

qui ont disparu en quelques jours. À part ces trois cas, aucun ouvrier, même parmi ceux qui ont reçu les plus fortes doses, n'a présenté, dix mois après l'accident, de symptômes visibles de cette radioactivité.

Hors de la centrale, les personnes ont été évacuées avant que des particules radioactives retombent sur le sol, mais une partie de celles-ci se sont déposées au-delà de la zone d'évacuation, dans des régions situées au nord-ouest de la centrale nucléaire. Il est possible que des enfants aient bu du lait des vaches qui ont brouté de l'herbe polluée par de l'iode radioactif. Ce serait d'autant plus navrant qu'il est facile de s'en protéger en prenant des pastilles d'iode et en s'abstenant de boire du lait contaminé. Encore faut-il être informé. Ces enfants feront tous l'objet d'un examen médical. Les doses qu'ils ont peut-être reçues sont très inférieures à celles que l'on a mesurées autour de Tchernobyl. S'ils développent un cancer de la thyroïde, l'expérience ukrainienne montre heureusement que ce cancer, chez les enfants, peut le plus souvent guérir.

Parmi les 80000 personnes qui ont été éloignées et, de façon générale, dans l'ensemble de la population, on peut calculer le nombre des morts « statistiques » en supposant que la plus petite dose de radioactivité cause des cancers selon une relation linéaire sans seuil (RLSS). À partir des informations données par l'IRSN, en supposant ce seuil à 5 mSv/an et une diminution de la contamination de moitié tous les deux ans, comme ce que l'on observe à Tchernobyl, le nombre de cancers causés par l'accident serait environ de 500, tous les cancers n'étant pas mortels – c'est-à-dire en cinquante ans le dixième du nombre de décès sur les routes françaises chaque année.

L'opinion a du mal à le croire. Les médias n'ont cessé de clamer l'ampleur du désastre, comme s'ils étaient dans l'incapacité de concevoir et d'accepter la disproportion, difficilement imaginable en effet, entre l'ampleur de l'accident, les puissances thermiques en jeu et la réalité des dommages sur la santé.

Si la catastrophe de Fukushima cause des dommages sur la santé, ce sera, comme à Tchernobyl, de façon indirecte. Ils seront un effet du trouble, de l'inquiétude et, aussi, de la désorganisation de la vie familiale, sociale ou professionnelle dont l'accident de Fukushima aura été la cause. Un an après l'accident, le nombre de décès officiellement attribués aux suites de cet accident est de 600, sur une population de 80 000 personnes.

La situation sera stabilisée non pas lorsque les émanations radioactives auront complètement pris fin, mais lorsque la population déplacée aura retrouvé son lieu de vie et lorsque les sols pollués auront été récupérés.

### ***Récupérer les terrains contaminés***

#### *Décontaminer le sol et les bâtiments*

Un travail de cartographie a été fait par une équipe de l'université de Tsukuba (Japon). Il n'a relevé aucun dépôt notable de plutonium, ce qui confirme les observations faites à Tchernobyl alors même que le cœur du réacteur était en fusion à l'air libre et qu'un violent incendie créait une puissante colonne de gaz ascendante. À Fukushima comme à Tchernobyl, le plutonium est resté sur place.

Selon le professeur Tatsuhiko Koama, directeur du centre radio-isotope de l'Université de Tokyo, même dans la zone interdite des 20 km autour de la centrale, il y a des lieux où la radioactivité est très faible, par exemple moins de 1 mSv/an, la norme internationale habituelle. Là, on peut imaginer de faire revenir les personnes sans tarder. Il ajoute : « Les étrangers qui s'expriment sur le sujet disent "vous devez faire ainsi", mais ce qu'ils conseillent, une évacuation encore plus large que ce qui a été fait, est irréaliste et cela ne nous rend pas service[1].»

Après la disparition, en quelques mois, de l'iode radioactif, il reste surtout du césium. Ce corps est très peu mobile: il reste accroché aux minéraux ou aux végétaux qu'il touche.

Il est possible de décontaminer le terrain au prix d'un gros travail. Le Japon s'y est déjà attelé, bien sûr. Les sols pourront être décontaminés en enlevant une couche de terre superficielle de 10 à 15 cm d'épaisseur.

Sur les terres agricoles, un labour profond enfouira le césium à 40 cm de profondeur, ce qui le rendra inoffensif en surface. Les sols imperméables peuvent être décontaminés par un lessivage qui emportera dans le courant d'eau les particules chargées de césium. Moins d'un an après l'accident, des techniques ont été mises au point pour purifier les eaux et le sol contenant du césium radioactif[2].

Selon T. Koama, il ne suffirait pas de laver les toitures des maisons; il faudrait les remplacer. En ajoutant l'enlèvement d'une couche de terre de plusieurs centimètres d'épaisseur autour des maisons et la réfection du revêtement des rues, cela reviendrait à 5 millions de yens, soit 50 000 € par maison, traitement des déchets compris. Il y aurait 400 000 maisons à assainir. En supposant qu'un simple lessivage ne suffise pas, cela ferait donc 20 milliards d'euros.

### *Vivre à proximité de points radioactifs*

Faudra-t-il attendre, pour revenir sur les terres évacuées, que la décontamination soit parfaite? Il ne nous appartient évidemment pas de donner de conseils à la population japonaise, confrontée à un dilemme: rester éloignée de son lieu de vie ou revenir sur des terres peut-être dangereuses.

1. Dans une interview rapportée par *Romandie News*.
2. Cf. sur www.hprevot.fr.

Une dépollution complète prendra beaucoup de temps. Peut-être les habitants de ces zones touchées par la pollution apprendront-ils à vivre dans des régions où il existera encore des dépôts radioactifs en des lieux qu'ils connaîtront et dont ils sauront rester à l'écart.

Il y aura encore longtemps des taches de radioactivité. Une mare recevant de l'eau de ruissellement qui s'évapore deviendra de plus en plus radioactive avec le temps. Dira-t-on alors que la radioactivité s'aggrave ? Certes non, mais il faut être informé de cette radioactivité localisée pour éviter qu'un enfant ne prenne l'habitude d'y jouer par exemple. Il en existe auprès de nos maisons des pièces d'eau qui sont beaucoup plus dangereuses que des mares chargées d'eau contaminée. Combien d'enfants se sont noyés dans nos piscines ! La spécificité du danger radioactif n'est pas qu'il est durable : l'eau ne cesse pas, avec le temps, d'être dangereuse. Il tient à ce qu'il est invisible et que les effets sont différés, aléatoires et inconnus. Mais lorsque la source de radioactivité est localisée, il est facile de s'en préserver.

Les Japonais mettent au point des instruments de mesure commodes, rapides et bon marché qui permettront aux commerçants et aux consommateurs qui le souhaitent de savoir parfaitement ce qu'il en est de la radioactivité et de prendre eux-mêmes la responsabilité de leurs décisions. En cela la radioactivité est beaucoup moins dangereuse que bien des polluants – mercure, cadmium ou autres métaux lourds, produits phytosanitaires, etc. – dont la durée de vie est encore plus longue que celle des matériaux radioactifs à vie longue et qui sont tout autant dispersés et, surtout, indécelables.

À la fin de 2011, on trouvait en certains lieux un niveau de radioactivité encore très élevé, jusqu'à 470 mSv/an dans une commune située au nord-ouest de la centrale nucléaire. On trouvait aussi, y compris dans cette même commune, des niveaux très inférieurs et même proches de la normale. La zone des 20 km d'où la population a été évacuée sera donc découpée en fonction des niveaux de contamination réellement constatés. Au début de 2012, le gouvernement japonais n'avait pas encore arrêté sa politique. Au vu du rapport du ministère de l'Environnement, les zones où la radioactivité est supérieure à 50 mSv/an pourraient être déclarées inhabitables. Les habitants pourraient revenir là où la radioactivité est inférieure à 20 mSv/an puisque celle-ci diminuera avec le temps du fait de l'atténuation naturelle et des travaux d'assainissement qui seront entrepris. Il serait décidé de décontaminer en priorité les zones où la radioactivité est comprise entre 20 et 50 mSv.

L'étendue des terrains qui resteront durablement inhabitables dépendra du niveau de radioactivité qui sera jugé vivable et de l'avancement des travaux de décontamination.

***

L'accident de Fukushima aurait pu être beaucoup plus grave[1]. Mais les dommages auraient été bien moindres si l'exploitant TEPCO avait tiré les enseignements de l'accident de Three Mile Island et s'il avait écouté les conseils que lui prodiguaient ses collègues d'autres pays et suivi les instructions que lui avait adressées l'autorité de sûreté nucléaire japonaise pour corriger les points faibles de ses installations et se prémunir contre les tsunamis.

L'accident de Fukushima nous apporte donc peu d'enseignements en ce qui concerne la sûreté des installations nucléaires. Mais il nous apprendra beaucoup, avec celui de Tchernobyl, quant aux conséquences d'un très grave accident sur les conditions de vie des personnes affectées et sur la façon de les gérer.

Même dans les situations les plus difficiles, avec la technique de production des centrales à eau bouillante (comme

1. Voir au chapitre II.

les réacteurs de Fukushima) ou à eau pressurisée (comme les réacteurs français), il est possible d'éviter que la radioactivité porte atteinte à la santé de la population. En effet, en cas de grosses difficultés, les réacteurs s'arrêtent tout seuls et l'ensemble des installations de production d'électricité est tellement lourd et a une telle inertie qu'il laisse le temps de s'éloigner. Après l'accident, s'il y a eu des fuites de matière radioactive, il faut trouver un bon équilibre entre le niveau de contamination acceptable, les méthodes de décontamination, le choix d'abandonner provisoirement le terrain, de le décontaminer ou de vivre à proximité d'une certaine contamination que l'on connaîtra et dont on saura se préserver.

## Chapitre V

# Le nucléaire durable ?
# La gestion des déchets, le Mox, les surgénérateurs

*La production d'électricité nucléaire laisse derrière elle des produits réutilisables et des déchets. Les déchets se différencient par l'intensité et la durée de vie de leur radioactivité. Les déchets de moyenne ou haute activité et à vie longue demandent une attention particulière. La solution retenue, un stockage profond, ne présente pas de risque car, lorsque les emballages seront détruits, dans très longtemps, les produits encore gênants resteront accrochés à l'argile.*
*Comme Phénix et Superphénix, les futurs réacteurs à neutrons rapides au sodium utiliseront le plutonium et l'uranium sortis des réacteurs en fonctionnement aujourd'hui. Ils seront peut-être capables de transmuter certains déchets mais en créeront d'autres. En générant autant de plutonium qu'ils en consommeront, ils repousseront à jamais l'épuisement des ressources. Avec eux un accident comme celui de Fukushima ne pourrait pas arriver, mais ils présentent d'autres risques que le nouveau réacteur Astrid cherchera à mieux connaître et maîtriser.*
*Il existe aussi d'autres types de surgénérateurs.*

### Il y a déchets et déchets[1]

La gestion des déchets nucléaires a un objectif clair : éviter toute dispersion, tout rejet extérieur. Les produits

1. Pour une vue claire et complète de la question on peut se référer au site Internet de l'ANDRA.

doivent rester en place, sous forme solide, comme les aciers ou le béton par exemple, ou solidifiés par la vitrification aussi longtemps que la radioactivité dépasse celle couramment rencontrée dans certains sols naturels.

Pour que le stockage soit adapté aux spécificités des déchets, ceux-ci sont classés en fonction de leur radioactivité initiale, exprimée en becquerels (Bq), et de leur durée de demi-vie, c'est-à-dire le délai au bout duquel leur activité est divisée par deux[1].

### *Les déchets peu gênants*

Les déchets nucléaires de très faible activité[2] proviennent du démantèlement des réacteurs. Dans d'autres pays, certains de ces matériaux sont assez peu radioactifs pour pouvoir être réutilisés dans le bâtiment et les travaux publics. Le centre de stockage de Morvillers est en mesure d'en recevoir 650 000 $m^3$ dans les trente prochaines années. Des alvéoles sont creusées dans l'argile et recouvertes d'une membrane synthétique. Les déchets y sont placés directement sans être conditionnés. Le tout est recouvert d'argile. La radioactivité initiale est voisine de celle de nombreuses roches naturelles et, dans trois cents ans, aura disparu.

Les déchets de faible ou moyenne activité[3] et à vie courte ont une durée de demi-vie inférieure à trente ans. Ceux dont la durée de demi-vie est de vingt ans voient leur activité divisée par mille en deux cents ans, par un million en quatre cents ans. On en produit en France 15 000 $m^3$ par an. Ces corps sont devenus radioactifs au contact d'autres produits fortement

1. Pour les unités, voir au chapitre III. L'activité des cendres de charbon peut atteindre 10 000 Bq/kg ; il en est de même de l'activité des minerais de potasse. Celle du granite est de 7 000 à 10 000 Bq/kg.
2. Entre 10 000 et 100 000 Bq/kg.
3. L'activité peut atteindre 1 milliard de Bq/kg.

radioactifs. Ce sont par exemple des vêtements ou des gants utilisés dans les centres nucléaires ou les établissements de soin, laboratoires de recherche et diverses industries, car les sources radioactives ne sont pas une exclusivité de la production d'électricité nucléaire. Ces déchets, après compactage, sont placés dans des fûts en acier ou béton disposés dans des casemates étanches, bétonnées, qui sont recouvertes par une dalle en béton puis par une couche de terre argileuse. Le tout formera une série de tumulus recouverts de terre engazonnée, rendus à la nature dans trois cents ans sans gardiennage. Un premier site, situé à La Hague, est aujourd'hui fermé. Un nouveau site est ouvert à Soulaines dans l'Aube.

Les déchets de faible activité et à vie longue ont une durée de demi-vie de plusieurs milliers ou dizaines de milliers d'années. Ils sont très spécifiques et liés à la filière nucléaire de première génération graphite/gaz[1]. Il faudra en stocker 150000 $m^3$ en 2030. Il reste à trouver un lieu de stockage durable pour ces déchets qui n'ont rien de dangereux s'ils sont stockés à faible profondeur.

Au total, les déchets de faible activité liés à la production d'électricité nucléaire ne sont pas très gênants.

### *Les déchets de moyenne et haute activité à vie longue*

Les déchets *de moyenne activité et à vie longue* proviennent d'instruments, de matériaux ou de fluides utilisés pour le retraitement du combustible usé et le fonctionnement des installations nucléaires. Il y en a *500* $m^3$ *par an*.

Les déchets *de haute activité et à vie longue* sont les produits de fission et les actinides mineurs, qui sont des produits lourds autres que l'uranium et le plutonium.

1. Un réacteur graphite/gaz utilise le graphite comme modérateur et du gaz carbonique pour évacuer la chaleur.

La France a choisi de séparer l'uranium et le plutonium pour utiliser ces produits comme combustible des réacteurs à neutrons rapides (les surgénérateurs). En attendant l'éventuelle décision de relancer ce programme, une partie du plutonium est utilisée dans les réacteurs en fonctionnement.

Les produits issus du retraitement des déchets sont calcinés et incorporés dans du verre coulé dans un conteneur en acier inoxydable. La stabilité dans le temps est garantie par les propriétés intrinsèques du verre, qui résiste à la chaleur et aux agressions chimiques dont celle de l'eau comme on le voit avec les verres naturels qui sont souvent âgés de plusieurs millions d'années.

Après séparation de l'uranium et du plutonium, le volume de ces déchets est de *150 m³ par an*.

Après retraitement des combustibles usés, le volume de ces déchets de moyenne ou haute activité et à vie longue est donc aujourd'hui de 650 m³ par an.

Ils seront stockés dans des conditions qui ont été fixées par la loi après le débat public tenu en 2005[1]. Le stockage sera souterrain et aménagé de façon que les déchets restent accessibles durant au moins cent ans.

Dans la synthèse de ce débat, on peut lire: « La population a montré son incrédulité totale à l'égard des prévisions à long terme: personne ne peut savoir ce qui se passera dans 1 000 ans, dans 10 000 ans. Est apparue l'idée qu'aux échéances d'une ou plusieurs décennies, il était sage d'ajouter des échéances à moyen terme: 100-150 ans. »

À l'avenir, les volumes à stocker pourraient être supérieurs à ce qu'ils sont aujourd'hui. En effet, il ne sera peut-être pas possible de recycler le plutonium plus d'une fois et tout l'uranium issu du retraitement ne sera peut-être pas utilisé. Par ailleurs, on ne connaît pas encore ce que seront les quantités de déchets produits par les réacteurs

1. Cf. http://cpdp.debatpublic.fr/cpdp-dechets-radioactifs/.

de la prochaine génération. Sans traitement, le volume des déchets de moyenne ou haute activité et à vie longue serait aujourd'hui de 3 500 $m^3$ par an. Pour un stockage profond, il faut un conditionnement complémentaire qui revient à tripler le volume. On arrive donc à 10 000 $m^3$ par an, c'est-à-dire un cube de 21 m de côté.

C'est un ordre de grandeur que l'on peut garder en tête : même sans recycler l'uranium et le plutonium, tous les déchets de moyenne ou haute activité et à vie longue générés en un an par la production d'électricité tiendraient dans un cube de 21 m de côté.

La méthode retenue aujourd'hui en France est de stocker ces matières dans une épaisse couche d'argile. Un laboratoire est en cours de réalisation à Bures dans la Meuse. L'argile est très favorable, à la fois plastique et imperméable lorsqu'elle est gorgée d'eau. Les caractéristiques du stockage sont calculées de sorte que la chaleur dégagée par les produits stockés puisse être évacuée naturellement par conduction dans la roche. Lorsque les emballages des déchets se détérioreront, seuls les produits solubles migreront. Si les déchets ne sont pas traités, le plutonium qu'ils contiennent ne bougera pas car il est insoluble. Les actinides ne sont pas solubles dans l'eau de l'argile car le milieu est basique. Avec le temps, si les générations à venir n'ont pas décidé de les retirer, l'argile se refermera sur les colis de déchets.

L'impact sur la biosphère, notamment du fait de l'attaque par l'eau, a été calculé sur la base des hypothèses les plus pessimistes de défaillance des barrières constituées par les colis eux-mêmes (vitrifiés ou non) et l'argile au sein de laquelle se trouve le stockage. Il sera négligeable et inférieur au dixième de la dose de radioactivité naturelle en France.

Il existe d'autres modes de stockage de longue durée. Les Suédois stockent le combustible usé en le laissant tel quel dans ses gaines de zirconium. Celles-ci, pour éviter qu'elles soient attaquées par l'eau, sont emballées dans du cuivre rouge, un métal connu pour sa passivité. Il résistera à la corrosion un million d'années.

On peut trouver bien des défauts à la production d'électricité nucléaire. La gestion des déchets est une opération délicate. Elle présente des risques pour les travailleurs. Elle demande des mesures de protection, les vols de sources radioactives pouvant entrer dans des colis piégés dont l'impact sur la population serait redoutable. Mais une fois conditionnés et stockés, objectivement les déchets ne présentent pas de risque.

## Le retraitement des combustibles usés ; la production de Mox

L'usine de La Hague avait été construite pour extraire le plutonium du combustible usé, car il faut du plutonium pour commencer à faire fonctionner un réacteur de la génération suivante, un « surgénérateur ». Après le coup d'arrêt porté au programme de construction des surgénérateurs, il a été décidé de recycler dans les réacteurs en fonctionnement le plutonium et l'uranium contenus dans le combustible usé. Ces deux produits sont mélangés sous forme d'oxydes. C'est le Mox (Mixed oxyde fuel), ce produit qui a défrayé la chronique car il est la cible des opposants au nucléaire. Il est fabriqué à Marcoule, dans le Gard. La moitié des réacteurs en fonctionnement sont chargés en Mox, même si ceci n'était pas prévu à l'origine. L'EPR a été conçu, dès le départ, pour pouvoir être chargé avec du Mox.

Transporter du plutonium de La Hague à Marcoule serait, nous dit-on, très dangereux. Certes, il aurait été plus rationnel de produire le Mox près du lieu de retraitement des combustibles usés, mais aucun transport n'est autant surveillé que ces wagons superblindés, qui ne redoutent ni une collision avec un poids lourd chargé de produits hautement inflammables ni une charge explosive. Peut-on craindre une attaque par des terroristes en quête de plutonium pour produire des bombes nucléaires ? Ils seraient bien mal inspirés car la qualité du produit (un mélange de nombreux isotopes non fissiles) ne se prête pas à la fabrication d'une bombe et ils seraient bien imprudents de s'attaquer aux colis pour en récupérer le plutonium.

Les critiques font aussi valoir que le plutonium présent dans les installations de traitement des déchets, dans les centres de production du Mox ou dans les centrales nucléaires, crée un risque pour les ouvriers. Si l'on devait supprimer tous les postes de travail présentant ce niveau de risque, il faudrait fermer bien des usines chimiques et bien des laboratoires pharmaceutiques ou biologiques. Les protections sont à la hauteur du risque.

On nous dit aussi que la présence de plutonium dans le combustible fait courir un risque plus grave en cas d'accident. C'est oublier que, dans les réacteurs en fonctionnement aujourd'hui, une partie de l'uranium se transforme en plutonium lorsqu'il absorbe un neutron. Un tiers de l'énergie produite par un réacteur alimenté seulement en uranium vient du plutonium. Les accidents de Tchernobyl et de Fukushima ont montré que le plutonium a le bon goût de rester sur place. Il est lourd et n'est pas soluble. En ce sens, il est beaucoup moins gênant que d'autres corps plus mobiles.

Aucun des arguments présentés contre le Mox par les opposants au nucléaire ne résiste longtemps. Mais ces derniers avaient de bonnes raisons de vouloir mettre un terme à la production de Mox car, sans Mox et sans surgénérateurs, le retraitement du combustible usé serait trop coûteux et conduirait à un accroissement du stock de plutonium plutôt gênant. Sans retraitement, il est sûr que l'on ne disposerait pas du plutonium nécessaire aux surgénérateurs. Sans surgénérateurs, la question pourrait se poser des ressources en uranium. Sans ressource en uranium, il faudrait « sortir du nucléaire ».

## Le réacteur à neutrons rapides (RNR) au sodium

### *Des réserves en combustible presque illimitées*

À court terme, la France n'a pas de souci à se faire à propos de son approvisionnement en uranium. En effet, les sources d'approvisionnement en uranium sont diversifiées et les pays producteurs comme le Canada ou l'Australie sont des pays sûrs. L'utilisation du Mox augmente l'autonomie dans la limite des possibilités d'utilisation de ce combustible par les réacteurs. Il est facile de stocker la matière première nucléaire conditionnée sous forme de « yellow cake »[1] pour plusieurs années de consommation. Globalement, en y ajoutant les assemblages combustibles déjà fabriqués ou en fabrication, la France pourrait être alimentée en électricité six à dix ans sans nouvelle livraison d'uranium.

À moyen terme, il se pourrait que la demande mondiale d'uranium augmente beaucoup. L'offre pourra suivre car le volume des réserves dépend énormément du prix et celui-ci peut doubler sans effet très sensible sur le prix de l'électricité. Néanmoins, à long terme, le fait de dépendre de l'étranger est une vulnérabilité.

1. Le yellow cake est un concentré d'uranium sous la forme d'un oxyde d'uranium U3O8. C'est une poudre brune ou noire. À l'origine, l'uranium était extrait du minerai par un autre procédé qui donnait une poudre jaune.

Dans l'uranium naturel, moins de 1 % de la matière est fissile, sous forme d'uranium 235. Plus de 99 % de l'uranium naturel est de l'uranium 238, qui n'est pas fissile mais peut être transformé en produit fissile ; on dit qu'il est « fertile ». L'enrichissement en uranium 235 de l'uranium naturel laisse de grandes quantités d'uranium « appauvri », c'est-à-dire moins riche en uranium 235 que l'uranium naturel. D'autre part, le combustible usé contient de l'uranium et du plutonium.

Les neutrons rapides sont peu efficaces lorsqu'ils heurtent de l'uranium 235[1]. Mais ils peuvent casser des noyaux de plutonium 239, libérant des neutrons rapides, lesquels casseront d'autres noyaux de plutonium ou seront absorbés par des noyaux d'uranium 238, ce qui donnera naissance à du plutonium 239. Les réacteurs à neutrons rapides peuvent donc consommer du plutonium et en produire à partir de l'uranium 238[2].

C'est ainsi que les réacteurs à neutrons rapides, RNR, peuvent produire plus de matière fissile qu'ils n'en consomment. Avec eux, les stocks d'uranium et de plutonium présents sur le sol français nous rendraient autonomes pour plusieurs siècles !

La France maîtrise la technique du surgénérateur au sodium qu'elle a su faire fonctionner parfaitement avec Phénix pendant trente-cinq ans et avec Superphénix pendant toute l'année qui a précédé la décision d'y mettre fin, en 1996. Serait-ce la bonne solution ?

1. Voir au chapitre I.

2. Dans les réacteurs à eau, où les neutrons sont ralentis, la formation de plutonium 239 à partir d'uranium 238 est accompagnée d'autres réactions gênantes qui transforment des produits fissiles ou fertiles en produits stériles. Il est possible de faire fonctionner des réacteurs à neutrons rapides avec d'autres corps, comme le thorium.

### *Rapsodie, Phénix et Superphénix*

Un petit réacteur d'une puissance thermique de 40 MW, Rapsodie, non producteur d'électricité, a fonctionné de 1967 à 1983, puis Phénix, d'une puissance électrique de 250 MW, de 1973 à 2009. Celui-ci a tellement bien fonctionné qu'emportés par leur enthousiasme les ingénieurs ont proposé aux décideurs politiques de lancer les études d'un réacteur de taille industrielle, produisant 1 200 MW d'électricité. En 1976, en pleine première crise pétrolière, tout le monde prévoyait une pénurie de combustibles fossiles et une flambée du prix de l'uranium. La construction de ce surgénérateur fut lancée en coopération avec l'Allemagne et l'Italie[1].

Le réacteur russe de 600 MW (BN 600), une copie de Phénix améliorée par le savoir-faire mécanique des Russes, fonctionne comme une horloge depuis 1981 et verra probablement sa durée de vie prolongée pour encore au moins dix ans. Dans cette lignée, les Russes ont en construction le BN 800 qui pourrait être mis en service en 2013 et développent sur le même principe de nouveaux modèles dont la puissance égalera celle de l'EPR.

Comme dans le réacteur à eau, le combustible, qui est ici un mélange d'uranium et de plutonium, est rangé dans des tubes réunis en faisceaux et disposés au centre d'une cuve de grande dimension (12 m pour Phénix, 21 m pour Superphénix). Cette cuve est pleine de sodium liquide qui, passant entre les tubes, évacue la chaleur de la réaction nucléaire.

Alors que dans les réacteurs à eau, la circulation de l'eau s'effectue dans un circuit avec ses tuyauteries de liaison entre les composants principaux (pompes, générateurs de vapeur), la grande originalité de Phénix et de Superphénix est d'avoir

1. Voir en annexe une présentation schématique de RNR.

logé dans la cuve non seulement le sodium mais aussi les pompes de circulation et les échangeurs de chaleur. Ceux-ci transmettent la chaleur de ce sodium, qui ne quitte pas la cuve, à un second sodium, dit « secondaire », qui n'est pas radioactif, contrairement au sodium qui est au contact du cœur du réacteur. Puis la chaleur est transférée à un circuit d'eau. L'eau, transformée en vapeur, actionne deux turbines de 600 MW. La masse du sodium primaire est de 3 300 tonnes.

*La stabilité des réacteurs*

Comme dans les réacteurs à eau, la fission du plutonium 239 émet instantanément des neutrons « prompts » puis une petite proportion de neutrons « retardés ». Lorsque la température du sodium augmente, des réactions spontanées ralentissent le fonctionnement du réacteur. Comme dans les réacteurs à eau[1], l'effet Doppler augmente la proportion des neutrons qui sont absorbés sans causer de fission. De plus, la hausse de température déforme par dilatation le cœur du réacteur, ce qui laisse échapper des neutrons. Le fonctionnement du réacteur est stable.

Le cœur du réacteur et le circuit de sodium sont à la pression atmosphérique car la température d'ébullition du sodium, 900 °C, est très supérieure à la température normale de fonctionnement du réacteur, 560 °C à la sortie du cœur. Le gainage du combustible est fait en acier inoxydable et non dans cet alliage de zirconium qui, en cas de surchauffe, dégage de l'hydrogène en réagissant avec l'eau. Surtout, la capacité thermique du sodium est beaucoup plus importante que celle de l'eau, ce qui donne plus de temps pour réagir comme il convient. Si jamais toutes les pompes primaires tombaient en panne, arrêtant le fonctionnement du réacteur par la chute automatique des barres de contrôle, la chaleur

1. Voir au chapitre I.

qui continuerait de se dégager des produits de fission pourrait être évacuée grâce à la circulation naturelle du sodium sous un effet de thermosiphon sans même avoir besoin des pompes de secours. Tout cela est très favorable.

Lors d'une inspection approfondie de Phénix, on s'est rendu compte que la cuve et les échangeurs de chaleur étaient dans un état parfait, après plus de vingt-cinq ans de fonctionnement, exempts de toute trace de corrosion : un avantage de plus pour les RNR sodium.

*Les risques d'accident*

Mais, le sodium s'enflammant spontanément à l'air, les fuites sont plutôt gênantes. Elles sont facilement détectables et les feux de sodium, dégageant peu d'énergie, facilement maîtrisables. Plus dangereux est le contact du sodium avec l'eau, car la réaction entre eux dégage beaucoup de chaleur et produit de l'hydrogène qui peut exploser avec l'oxygène de l'air. C'est un risque industriel classique car le sodium qui pourrait être au contact de l'eau est celui du circuit secondaire, qui n'est pas radioactif.

Le risque d'accident grave tient à une autre caractéristique des RNR. Au cas, très improbable mais pas tout à fait inimaginable, où l'homme perdrait complètement la maîtrise de l'engin et où les dispositifs automatiques de sécurité ne fonctionneraient pas, si les barres de contrôle qui permettent d'arrêter la réaction en chaîne restaient bloquées, si les pompes qui font circuler le sodium qui évacue la chaleur ne fonctionnaient pas non plus, il se formerait dans le cœur du réacteur une bulle de vapeur de sodium. Alors la réaction, au lieu de s'étouffer comme dans un réacteur à eau, pourrait s'emballer. Dans le langage des ingénieurs, on dit, dans une telle situation, que le « coefficient de vide est positif ».

Il s'agirait d'un très fort dégagement de puissance en un temps très bref puisque le cœur serait dispersé en quelques millisecondes. Le choc à l'intérieur de la cuve serait extrêmement violent. Les ingénieurs ont calculé les structures de Phénix et Superphénix de façon qu'elles y résistent et que les équipements indispensables pour évacuer l'énergie résiduelle continuent de fonctionner. Des essais sur maquette, avec des explosifs choisis pour simuler ce qui se passerait dans la cuve, ont vérifié que l'explosion resterait confinée au sein du circuit primaire.

### *Un nouveau réacteur au sodium : Astrid*

La filière sodium est aujourd'hui exploitée par la Russie, l'Inde, le Japon, la Chine. Pour reprendre la première place qu'avait la France dans ce domaine ou simplement pour ne pas se faire distancer par les autres, il a été décidé de lancer un projet de construction d'un nouveau réacteur RNR sodium de 600 MW, appelé Astrid (« Advanced Sodium Technological Reactor for Industrial Demonstration »). La phase d'avant-projet sommaire est en cours.

L'objectif est double : étudier les possibilités de transmutation de déchets de haute activité et à vie longue et vérifier qu'il est possible de répondre à toutes les exigences de sécurité. Une recherche sera engagée au sujet de ce « coefficient de vide » qui deviendrait positif si se formait une bulle de vapeur de sodium. Les Russes disent qu'ils ont réussi à obtenir un coefficient de vide négatif sur leur nouveau réacteur au sodium, le BN 800.

En tout état de cause, les structures du réacteur seront calculées pour résister aux conséquences d'un emballement de la réaction, la grande force de ce genre de réacteur étant qu'il est capable d'absorber et d'évacuer sans aucune intervention extérieure la chaleur résiduelle, une fois arrêtée la réaction en chaîne.

### *D'autres techniques de surgénérateur*

D'autres techniques de surgénérateur sont à l'étude au niveau mondial et, pour certaines d'entre elles, en France, dans le cadre du forum de coopération Génération IV créé en 2001.

Les Russes utilisent des surgénérateurs au plomb et au bismuth dans leurs sous-marins atomiques mais, pour leurs centrales nucléaires sur terre, ils ont choisi le sodium.

Une technique, parmi les plus prometteuses sur le papier, utilise le thorium en passant par les sels fondus (des sulfates). Elle est sérieusement envisagée en Inde et également à l'étude en France, au CNRS. Le thorium est sur terre quatre fois plus abondant que l'uranium. Les coefficients de température et de vide sont fortement négatifs, ce qui signifie qu'en cas de difficulté la réaction en chaîne s'arrête spontanément. La quantité de produits de fission continuant de dégager de l'énergie après arrêt de la réaction en chaîne est beaucoup plus faible que dans un réacteur uranium-plutonium. Ces réacteurs seraient donc à sécurité passive. Mais, dans la compétition avec les réacteurs au sodium, cette technique des sels fondus pâtit d'un manque d'expérience.

Il n'y a pas de raisons de changer de technique de production tant que l'on disposera de ressources en uranium suffisantes. Puis les réacteurs surgénérateurs, peut-être au sodium, peut-être avec des sels fondus, peut-être avec une autre technique, régleront définitivement la question de l'approvisionnement en électricité. Ils donneront à notre pays une autonomie énergétique presque totale car l'électricité peut répondre à presque tous les besoins en énergie.

De plus – mais cela aujourd'hui n'est pas certain –, si les neutrons rapides de ces réacteurs pouvaient transformer des produits dont la durée de radioactivité est le million d'années en d'autres dont la durée de vie est beaucoup moins longue, nous aurions la satisfaction de ne pas laisser derrière nous un héritage qui dépasse les temps historiques. Mais il faut encore étudier ce que seront les déchets engendrés par ces réacteurs à neutrons rapides.

En tout cas, les ingénieurs et les hommes politiques qui, il y a cinquante ans, presque deux générations, ont mis la France sur la voie d'une production nucléaire abondante avaient une vision cohérente. Les réacteurs à eau légère, d'une technique éprouvée, produisent non seulement de l'électricité mais aussi une matière première qui donnera peut-être à la France son autonomie énergétique.

Ils ne pouvaient pas se douter que la technique des surgénérateurs pourrait contribuer à trouver une solution au terrible défi qui se présente à l'humanité en ce nouveau siècle : concilier le développement économique des nations « émergentes » et la lutte contre le réchauffement climatique.

**Le projet de production d'énergie par fusion nucléaire : Iter**
Le projet Iter poursuit la quête d'une production d'énergie non plus par fission de noyaux lourds mais par fusion de noyaux très légers, comme ce qui se passe dans le Soleil. Est-ce un objectif accessible, est-ce un mirage qui s'éloigne sans cesse ? C'est un objet de recherche qui fait converger en Provence des milliers de chercheurs et de techniciens du monde entier. Personne ne peut prédire ce que seront les résultats de ces recherches qui touchent de très nombreuses disciplines techniques et scientifiques, l'électronique, l'ultra-froid et l'ultra-chaud, les supraconducteurs, les matériaux, etc.

## Chapitre VI

# Le double défi du réchauffement climatique et du développement

*Les énergies fossiles (pétrole, gaz et charbon) sont commodes, mais leur combustion émet du gaz carbonique. Pour éviter un réchauffement climatique catastrophique pour des centaines de millions de personnes, il faudra en laisser la moitié sous le sol.*
*Les sources d'énergie renouvelables (biomasse, hydraulique, vent, soleil, mer, chaleur du sol) sont abondantes mais souvent instables et onéreuses.*
*Peut-on prévoir qu'un jour la consommation d'énergie diminuera ? Assurément, il est souvent possible de consommer moins d'énergie pour un même usage, mais apparaîtront sans cesse de nouvelles possibilités techniques de production et de consommation d'énergie pour de nouveaux usages que nous ne pouvons même pas imaginer aujourd'hui.*
*Et qui se plaindra de voir le travail humain remplacé par des machines, qui reprochera aux habitants des pays pauvres d'aspirer au confort, de vouloir se déplacer plus facilement ?*
*L'électricité nucléaire, où qu'elle soit produite, remplacera des énergies fossiles émettrices de* $CO_2$ *ou une énergie tirée de la biomasse aux dépens de l'alimentation ou une électricité solaire très onéreuse. Cela donne une autre perspective à la décision des pays développés de développer ou de refuser une production d'électricité nucléaire.*

## Pour ne pas « mourir de chaud », ne consommons pas toute l'énergie fossile accessible

Les différentes formes d'énergie fossile, pétrole, gaz et charbon, peuvent se substituer les unes aux autres. On peut produire du carburant liquide à partir du charbon ou du gaz, et de l'électricité à partir du charbon, du pétrole ou du gaz ; on peut faire fonctionner des moteurs avec un carburant liquide, du gaz ou de l'électricité. Si une énergie fossile s'épuise, devenant plus coûteuse, elle est progressivement remplacée par une autre. C'est donc l'ensemble des énergies fossiles qu'il nous faut considérer.

Les scientifiques qui participent aux travaux du GIEC nous alertent depuis plus de vingt ans maintenant[1]. Il serait grave que la température s'élève de plus de 2 ou 3°C au-dessus du niveau atteint aujourd'hui, qui est déjà supérieur de 0,5°C à la température qui régnait avant le début de l'ère industrielle.

Les océans et les continents peuvent absorber plus de gaz carbonique, du $CO_2$, qu'ils en émettent. Ils reprennent une petite moitié des émissions de $CO_2$ dues à l'activité humaine. Dans un futur plus ou moins lointain, celles-ci vont diminuer à la suite de décisions volontaires ou, à défaut, parce que les ressources fossiles seront devenues rares. Il arrivera un moment où ces émissions de $CO_2$ auront suffisamment diminué pour être toutes reprises par les océans et les continents. Alors la teneur en $CO_2$ de l'atmosphère sera stabilisée. La température continuera d'augmenter encore pendant quelques décennies et le niveau de la mer de s'élever pendant quelques siècles.

1. Le sommet de la Terre s'est tenu à Rio de Janeiro en 1992.

Les ressources en énergie fossile accessibles à un coût que les consommateurs sont et seront prêts à payer contiennent plus de *2 000 milliards de tonnes* de carbone. Mais, depuis aujourd'hui jusqu'au moment où la teneur de l'atmosphère en $CO_2$ sera stabilisée, les émissions de carbone sous forme de $CO_2$ devront être, au total, inférieures à *1 000 milliards de tonnes* (de carbone)[1] pour éviter que la température augmente de plus de 3 °C. Il restera alors 1 000 milliards de tonnes de carbone à consommer au rythme de 2 ou 3 milliards de tonnes par an. Même si une partie du $CO_2$ est captée et stockée sous terre, ces quelques chiffres montrent que l'humanité doit s'empêcher de consommer avant très longtemps une bonne partie de l'énergie fossile accessible.

*Ce n'est donc pas l'épuisement des ressources fossiles qui nous menace, c'est leur surabondance*. En cela l'économie de l'énergie fossile ressemble à celle de la drogue.

Pour prévenir les effets de l'épuisement d'une ressource quelle qu'elle soit, un marché concurrentiel a la vertu de stimuler l'offre et la demande tout en les orientant vers un équilibre que l'on peut qualifier, sinon d'optimum du moins d'efficace. En revanche, pour gérer une situation de surabondance, il faut de la volonté, individuelle ou collective. *Il est difficile de se préserver d'une surabondance*.

À ce jour, la demande d'énergie fossile est toujours très vive malgré la crise économique qui pèse sur l'Europe. Quant à la production, les ingénieurs ne cessent de faire des découvertes géologiques ou technologiques qui augmentent encore les réserves : du gaz à profusion que l'on ira rechercher là où il est encore coincé dans la roche ; du pétrole là où l'on ne pensait pas que l'on pût en trouver ni qu'on pût l'exploiter, sous une couche de sel à plusieurs kilomètres de profondeur dans un terrain sous-marin sous plusieurs kilomètres d'eau, au large du Brésil et de la Guyane et en

1. Une quantité de $CO_2$ qui contient 1 t de carbone pèse 3,67 t.

Méditerranée (peut-être au large de la côte d'Azur) ; peut-être, plus tard, les quantités indéfinies d'hydrates de méthane contenues dans les océans.

**« Après le pétrole », le carburant sera produit à partir de charbon**

On nous dit que nous manquerons de pétrole. Qu'est-ce que cela veut dire ? L'offre sera égale à la demande et inversement. Où est le manque ? Le pétrole deviendra plus cher, sans doute. Plus il sera cher, plus on en exploitera. Et lorsque le prix dépassera un certain niveau, la production de liquide à partir de charbon (CTL pour « carbon to liquid ») deviendra compétitive, et le charbon ne manque pas ! De plus, le charbon se trouve notamment aux États-Unis, en Russie, en Chine, en Inde, en Afrique du Sud, en Australie, en Allemagne, des pays qui ont les moyens financiers et techniques de produire ce carburant en grande quantité. Promettre la fin du pétrole sans parler de la transition vers le CTL est pour le moins incomplet.

Il serait tellement plus simple d'oublier le réchauffement climatique et ses effets ! Il suffirait alors de laisser le marché jouer librement, quitte à corriger les trop grandes inégalités qu'il générerait, en prenant de l'argent aux uns pour le reverser aux autres. Mais la nature donne raison aux scientifiques du GIEC. La température augmente comme ils l'avaient annoncé. Même les études financées par les lobbies climato-sceptiques le constatent.

Pour tenter de concilier lutte contre le réchauffement climatique et développement des pays émergents et des pays pauvres, les scénarios de production et de consommation d'énergie à l'échelle du monde sont très nombreux. La confrontation entre ceux qui ont été élaborés par le CME, Conseil mondial de l'énergie, qui donne la priorité au développement, et un scénario élaboré par l'AIE, Agence internationale de l'énergie, pour diviser par deux les émissions de $CO_2$, est éclairante. Par ailleurs, pour se faire une idée de l'apport des énergies renouvelables, le GIEC, Groupe intergouvernemental d'étude du climat, a relevé systématiquement les hypothèses faites par les scénarios qui lui ont été présentés.

Ces études permettent de se rendre compte de ce que pourrait être l'apport de l'énergie nucléaire dans une politique de développement non émettrice de $CO_2$.

### Les besoins d'énergie du développement

La population mondiale est de 7 milliards d'êtres humains. Près de 3 milliards vivent avec moins de 2 $ par jour, c'est-à-dire qu'ils disposent de très peu de moyens pour se procurer ce qu'ils ne produisent pas eux-mêmes. Environ 3 milliards d'habitants vivent dans les pays en développement et 1,4 milliard d'habitants vivent dans les pays de l'OCDE et les pays de l'ex-URSS, des pays que l'on considère comme « développés ».

La consommation annuelle d'énergie par personne est de 7,8 tep[1] en Amérique du Nord, de 3,6 dans les anciens pays de l'URSS, 3,4 dans l'Union européenne et seulement 0,9 tep en Asie, 0,6 tep en Afrique. « À ce jour 1,3 milliard d'individus n'ont pas l'électricité, et 2,7 milliards utilisent toujours la biomasse traditionnelle pour la cuisson des aliments », nous dit le dernier rapport WEO de l'AIE (2011). Le conseil mondial du développement rappelle que

1. La tep ou tonne d'équivalent pétrole est une unité d'énergie utilisée dans l'industrie et l'économie. Elle correspond environ au pouvoir calorifique d'une tonne de pétrole.

quelque 2 milliards d'êtres humains n'ont pas accès à une énergie de type commercial. Les besoins en électricité sont colossaux.

De 2005 à 2050, la population aura augmenté de 50 % et le produit mondial aura été multiplié par 4,3 (une augmentation moyenne de 3,3 % par an). Le premier souci des pays en développement et des pays émergents est de vaincre la faim puis la pauvreté sous toutes ses formes ; puis il est d'accéder à un certain niveau de confort, y compris la possibilité de se déplacer. Les besoins d'infrastructures, les besoins d'équipement de l'industrie et des ménages sont tels que, même en utilisant les meilleures techniques, les émissions de $CO_2$ augmenteront beaucoup. Je m'en suis rendu compte directement en travaillant avec le Vietnam sur sa politique de l'énergie.

---

**Le Vietnam**

Ce pays est typique des pays émergents. Avec ses 85 millions d'habitants et un PIB de 1000 $ par habitant, il ambitionne pour 2050, avec une population de 130 millions d'habitants, de porter son PIB à 5800 $ par habitant. À titre de comparaison, le PIB par habitant en France est supérieur à 40000 $. Dira-t-on au Vietnam qu'il a tort de vouloir imiter le genre de vie occidental ? Aujourd'hui il consomme 0,6 tep/p/an (par personne et par an) et émet 1,4 $tCO_2$/p/an. Félicitons-le et encourageons-le à rester dans cet état pour le bien du monde en général ! Ce n'est pas précisément son intention. Dans un scénario « tendanciel », c'est-à-dire sans se préoccuper des émissions de $CO_2$, sa consommation d'énergie passerait à 2 tep/p/an (en France, 2,4 tep/p/an) et ses émissions à 10 $tCO_2$/p/an, à peu près comme l'Allemagne aujourd'hui. À cette époque, pour limiter la hausse moyenne de la température à 2°C, les émissions moyennes dans le monde ne devraient pas être supérieures à 1,6 $tCO_2$/p/an. Avec les instituts vietnamiens qui travaillent sur l'énergie, j'ai cherché comment diminuer ces prévisions d'émissions de $CO_2$. « Sur le papier », ce n'est pas très difficile. Toutefois nous ne sommes pas parvenus à descendre en dessous de 4 $tCO_2$/p/an. Les moyens les plus efficaces sont l'efficacité énergétique, puis le nucléaire, puis le stockage de $CO_2$. Les énergies renouvelables n'ont qu'une place modeste car elles sont plus coûteuses[1].

---

Le CME a publié en 2007 un document « Choisir notre futur : scénarios de politiques énergétiques en 2050 ». Quatre scénarios aux noms évocateurs, « léopard », « éléphant », « lion » et « girafe », y sont présentés. La consommation finale d'énergie serait dans une fourchette de 13 à 17 Gtep/an (milliards de tep par an). Les énergies renouvelables ne dépasseraient pas 0,5 Gtep et, dans tous les cas, la production nucléaire serait largement supérieure à la production d'énergie renouvelable.

Concernant les émissions de $CO_2$, l'objectif était de « ramener d'ici 2050 les émissions dues à l'activité humaine au niveau actuel[2], voire en dessous ». En réalité, les quatre scénarios le font passer à 52 $GtCO_2$, ou 39 $GtCO_2$, ou 37 $GtCO_2$, ou 57 $GtCO_2$ – de toute façon bien plus que l'objectif.

### *Le scénario de l'AIE qui divise par deux des émissions de $CO_2$*

L'AIE a préparé un scénario appelé *Blue Map* où les émissions sont divisées par deux d'ici à 2050.

1. On peut lire une synthèse de travaux de la huitième session du Forum franco-vietnamien consacrée à la politique vietnamienne de l'énergie dans une stratégie de développement durable sur www.hprevot.fr.
2. C'est-à-dire 28 $GtCO_2$, en 2005.

La moitié des 48 $GtCO_2$ qu'il faut gagner sur une évolution tendancielle seraient évitées grâce à l'efficacité énergétique, un petit quart grâce aux énergies renouvelables, un autre par le stockage du $CO_2$. Le nucléaire y contribuerait également pour 7 %.

Dans ce scénario, 13 % de la production électrique serait nucléaire et plus de la moitié d'origine renouvelable, surtout éolienne et solaire. Pour équilibrer l'offre et la demande, il est prévu de *multiplier par cinq les capacités mondiales de stockage en masse d'électricité.*

La production d'énergie à partir de biomasse ferait plus que tripler. Ce serait surtout de la chaleur. Cette très forte augmentation de la biomasse énergétique laisse perplexe. Le scénario estime qu'il suffirait de 10 % des terres arables grâce à *un doublement du rendement.*

Il suffit de comparer les hypothèses faites par le CME et l'AIE sur la consommation d'énergie pour voir à quel point il sera difficile de concilier le développement économique et la limitation du réchauffement climatique.

### *Les énergies renouvelables dans les scénarios examinés par le GIEC*

Le GIEC a publié en 2011 un rapport spécial sur les sources d'énergie renouvelable. Il fait une lecture transversale de 164 scénarios pour récapituler tout ce qui y est dit à leur sujet : les techniques, les possibilités physiques, les coûts de ces différentes énergies, la place qu'elles occupent selon les scénarios.

En 2008, les énergies renouvelables représentent 12,9 % de la production d'énergie[1]. La source la plus importante est

1. Les autres sources d'énergie primaire sont le charbon pour 28,4 %, le pétrole pour 34,6 %, le gaz pour 22,1 %, l'énergie nucléaire pour 6,0 % (si l'on compte, comme pour les autres énergies, l'énergie primaire).

la biomasse (10 %) dont la plus grande partie est une biomasse traditionnelle utilisée pour la cuisson des aliments et le chauffage dans les pays en développement. C'est dire que l'énergie de l'eau, du vent, du soleil, de la terre et de la mer n'intervient que pour 2,9 % de la production, une proportion en croissance rapide sans doute, mais encore très modeste.

Aucun scénario ne fait l'hypothèse que les pays les plus pauvres resteraient dans la situation de dénuement qu'ils connaissent aujourd'hui.

Dans un scénario tendanciel qui ne se préoccuperait pas des émissions de $CO_2$, la consommation finale d'énergie doublerait (passant de 7,6 milliards de tep à 15,4 milliards de tep). La consommation moyenne par personne passerait ainsi de 1,2 tep/p/an à 1,7.

Ce rapport du GIEC rappelle, chiffres à l'appui, que le potentiel technique des énergies renouvelables est très considérable ! L'énergie géothermique suffirait à répondre à toute la demande de chaleur ; la biomasse suffirait à elle seule à répondre à la demande mondiale d'énergie ; l'énergie solaire est presque infinie puisque le potentiel technique pourrait atteindre 100 fois ce que fut la consommation mondiale d'énergie en 2008…

Pour ce qui est de l'électricité, chaque mode de production a un potentiel technique presque égal ou très supérieur à la quantité d'électricité consommée aujourd'hui dans le monde, 1,5 Gtep en 2008. Les fourchettes de potentiel technique sont souvent très larges (2 à 15 Gtep/an pour l'éolien) ; mais le potentiel de l'électricité hydraulique au contraire semble connu avec précision : 1,3 Gtep/an.

L'énergie est donc abondante ; surabondante même. On n'en est guère plus avancé. Car il faut parler des coûts. 100 $/MWh (valeur 2005) pour les éoliennes à terre, le double pour les éoliennes en mer, 400 $/MWh pour l'électricité solaire.

Le coût de l'éolien ne pourra pas baisser (il a augmenté ces dernières années) ; le coût du solaire continuera de diminuer. Il faut y ajouter le coût du stockage, *que le rapport du GIEC ne chiffre pas*. Il est aujourd'hui supérieur à 250 € par MWh transitant par le stockage[1], un coût qui diminuera certainement mais restera probablement supérieur à 150 $/MWh.

Tous les scénarios étudiés dans ce rapport spécial du GIEC donnent aux énergies renouvelables un rôle grandissant.

### *Au vu de ces scénarios, la place du nucléaire*

Pour se figurer ce que peut être la place et le rôle du nucléaire, comparons les scénarios qui sont cohérents avec une hausse de température de 3 °C et ceux qui sont cohérents avec une hausse de température de 2 °C.

Dans les seconds, la production d'énergie à partir de la biomasse est trois fois plus importante. La production d'électricité solaire est 2,5 fois plus importante. La production éolienne est à peu près la même alors qu'elle est beaucoup moins chère ; il est possible que cela s'explique par la difficulté de stocker l'électricité éolienne alors que la production d'électricité solaire par concentration permet de « passer la nuit »[2].

*Cette constatation laisse penser qu'une production d'électricité nucléaire remplacera de la biomasse ou une production d'électricité solaire.*

1. À part les STEP, procédé de stockage d'électricité moins coûteux en montagne. C'est un dispositif où de l'eau est élevée d'un réservoir à un réservoir situé plus haut pour ensuite, en retombant dans le réservoir inférieur, produire de l'électricité.

2. Ce procédé de production d'électricité par concentration consiste à vaporiser un fluide qui actionne une turbine. Une partie de la chaleur solaire peut être stockée dans la journée pour produire de l'électricité en absence de soleil.

Il n'est donc pas surprenant que les pays en développement soient particulièrement intéressés par la production nucléaire. Il n'est pas surprenant non plus que, même après l'accident de Fukushima, presque tous les pays qui avaient un projet nucléaire l'ont confirmé : la Chine, l'Inde, la Russie, le Vietnam, les États-Unis, la Grande-Bretagne, la Finlande, la Pologne, etc.

### La responsabilité internationale des pays qui maîtrisent l'énergie nucléaire

Dans le monde, la capacité nucléaire est de 370 GW. L'accident de Fukushima retardera d'un ou deux ans les investissements programmés mais sans changer les perspectives à long terme : entre 1 000 et 1 500 GW en 2050.

Les pays qui savent produire de l'électricité nucléaire seront très attentifs à la façon dont d'autres pays se préparent à en produire eux-mêmes. Il faut près de dix ans à un pays qui a déjà une bonne base industrielle pour bâtir les institutions nécessaires au pilotage, à la réalisation et au contrôle d'un programme nucléaire, y compris la formation des personnes, chercheurs, ingénieurs, opérateurs, inspecteurs, etc., y compris le cadre législatif, les institutions de sûreté, y compris également les instances de débat public et de concertation locale.

Pour procurer de l'électricité à un pays qui n'a pas encore réuni les conditions de la maîtrise de l'énergie nucléaire, il serait tentant de lui proposer une électricité produite à partir d'un réacteur nucléaire localisé non pas sur son territoire mais dans une zone extra-territorialisée. Le réacteur serait géré par un pays qui maîtrise la technique et placé sous son autorité, y compris pour ce qui est de la sûreté. Un réacteur de petite puissance serait construit dans un chantier naval, logé dans une barge puis transporté par flottage jusqu'au pays consommateur d'électricité et amarré ou échoué sur le rivage. Les Russes ont annoncé qu'ils feraient une offre de ce genre. L'idée paraît séduisante. Mais peut-on imaginer que les autorités politiques d'un pays acceptent ne serait-ce que l'idée que, pour un motif de sûreté de fonctionnement, une autorité étrangère prive le pays d'électricité ? Ce genre de responsabilité ne se délègue pas.

Les pays qui souhaitent produire de l'électricité nucléaire auront besoin d'un approvisionnement sûr en combustible. La réponse pourrait être donnée sous forme de centres d'enrichissement placés sous le contrôle de l'AIEA. De la même façon se pose la question du traitement des déchets. Des centres internationaux de stockage pourraient apporter une réponse techniquement satisfaisante, comme le proposent les États-Unis et la Russie. Mais les nouveaux pays producteurs pourraient y voir une incitation à ne rien entreprendre, ce qui mettrait à mal le principe de la responsabilité du pays producteur d'électricité nucléaire.

Quant aux pays qui produisent de l'électricité nucléaire, il leur appartient de se contrôler mutuellement. L'accident de Fukushima a montré qu'il y avait des progrès à faire en ce sens. Il a aussi montré qu'un pays, aussi bien préparé soit-il, peut avoir besoin du secours d'autres pays : la France, la Russie, les États-Unis ont chacun apporté leur savoir-faire ou leurs moyens matériels. La France a décidé de se doter d'une équipe de secours mobile. D'autres pays feront de même sans doute et feront converger tous ces moyens en cas de besoin.

Les pays qui maîtrisent le nucléaire ont une autre responsabilité, d'un autre ordre. Quels que soient les efforts d'économie d'énergie ou de production d'électricité renouvelable, un réacteur nucléaire en plus évite la consommation d'énergie fossile ou remplace de la biomasse ou une production d'électricité solaire. Je le souligne car les positions antinucléaires manquent totalement de perspective mondiale.

Que vaut-il mieux : financer et produire de l'électricité solaire en France ou produire de l'électricité nucléaire pour trois ou quatre fois moins cher et utiliser le financement ainsi libéré pour financer une école ou un dispensaire dans un pays en développement ?

Que vaut-il mieux : produire de l'électricité avec du gaz et financer dans un pays en développement des panneaux photovoltaïques pour compenser les émissions de $CO_2$, ou produire une électricité nucléaire moins coûteuse que l'électricité faite à partir de gaz et financer dans le pays en développement non pas de coûteux panneaux photovoltaïques mais quelques dizaines d'écoles ou de dispensaires et le laisser produire de l'électricité à partir de gaz ? Les émissions de $CO_2$ seront les mêmes, les quantités d'électricité produites seront les mêmes mais, dans la seconde option, il y aura quelques dizaines d'écoles ou de dispensaires en plus.

Cet exemple conduit à parler du « mécanisme de développement propre », MDP, par lequel les pays qui se sont engagés à respecter une limite d'émission ont la possibilité de la dépasser s'ils financent dans un pays en développement des investissements qui permettent d'éviter des émissions.

Le MDP est un mécanisme très ingénieux qui pose toute sorte de questions qui nous feraient sortir de notre sujet[1].

1. Comme il génère beaucoup plus de titres que ce que les entreprises participant à un marché du $CO_2$ ont le droit d'acquérir, ces titres sont achetés à bas prix par des personnes qui spéculent sur leur future augmentation de valeur sans que le pays en développement en tire un réel profit. D'autre part, lorsque le prix du pétrole est haut, mécaniquement la valeur de ce titre baisse, donc l'aide apportée par le pays développé. Le MDP devrait donc être assorti d'un autre mécanisme d'aide aux pays en voie de développement qui fonctionnerait lorsque le prix du pétrole est haut et servirait alors de canal à une aide en provenance des pays exportateurs d'énergie fossile.

On se bornera à noter qu'il ne peut pas servir à financer des centrales nucléaires dans les pays en développement alors que la valeur des émissions évitées par un réacteur nucléaire permettrait de le financer en quatre ans.

**Les émissions de $CO_2$ évitées financent un réacteur nucléaire en quatre ans**

Un réacteur de 1000 MW produit 8 millions de MWh qui, remplaçant une production équivalente au charbon, évitent l'émission de 8 millions de tonnes de $CO_2$ par an. Le coût des dommages imputables aux émissions de $CO_2$ est supérieur à 100 € par tonne de $CO_2$. Un réacteur de 1000 MW coûtant moins de 3 milliards d'euros serait financé en quatre ans.

Il est évident que tous les pays qui ont droit au MDP ne sont pas aptes à recevoir une centrale nucléaire. Néanmoins, dans un pays comme le Vietnam ou le Maroc ou bien d'autres encore, il serait plus judicieux de mettre en œuvre le MDP au profit d'actions préalables à la construction d'une centrale nucléaire (la formation notamment) plutôt qu'à des investissements inutilement coûteux.

## Chapitre VII

# Continuer ou tout arrêter ?

*L'accident nucléaire de Fukushima a révélé ce qu'est le risque nucléaire. Même pour ceux qui en avaient une claire conscience, ce fut un choc. Depuis, presque tous les réacteurs japonais sont arrêtés et le pays se demande s'il les remettra en fonctionnement. Les Allemands ont décidé de ne plus consommer ni produire d'électricité nucléaire. Il faut donc s'interroger. Le plus sage ne serait-il pas de refuser le risque et de tout arrêter ? Si le risque est tel qu'il est inacceptable, est-il seulement utile de comparer les avantages et les inconvénients d'une production d'électricité nucléaire, c'est-à-dire de comparer des hypothèses qui feraient une place plus ou moins grande au nucléaire ?*

*Le risque nucléaire concerne d'abord les personnes qui vivent à proximité des réacteurs nucléaires. Mais en fait d'énergie et de changement climatique, les interdépendances sont telles qu'il n'est pas possible de prendre une décision sans porter son regard sur la situation du monde. Pour y réfléchir, prenons donc un peu de champ, à la fois dans le temps et dans l'espace : élargissons la perspective au long terme et au monde entier.*

### Deux sources d'énergie sans limites : le soleil et le nucléaire

Dans les quarante ans à venir, la population mondiale augmentera de 3 milliards d'habitants dont la moitié naîtra dans les régions qui aujourd'hui ne disposent pas d'électricité.

Sans nouvelles infrastructures, près du tiers de la population mondiale serait donc privé d'électricité !

Sans électricité, point de pompes pour puiser l'eau des puits, ni de réfrigérateurs ni de « chaîne du froid » pour conserver la qualité des produits alimentaires ou des médicaments ; point de moteurs électriques : tout à la force des bras, travaux des champs et travaux ménagers. Sans électricité, point de moyens de communication non plus, ni téléphone, ni télévision, ni Internet. Faute d'électricité, de fioul et de gaz, la biomasse et le charbon utilisés pour la cuisson et le chauffage de façon traditionnelle tuent ou rendent gravement malades chaque année des millions de personnes.

Les ressources en charbon, en pétrole, en gaz conventionnel et gaz de schistes pourraient sans doute suffire pendant quelques décennies encore à répondre aux besoins croissants d'électricité, mais le changement climatique causé par les émissions de gaz carbonique aurait des effets catastrophiques, en particulier sur les populations qui manquent de nourriture, d'eau et d'énergie. Il est possible d'augmenter la production agricole si l'on peut irriguer. Il est possible de transformer l'eau de mer en eau douce. Encore faut-il disposer d'énergie électrique.

La nature met à notre disposition des énergies « renouvelables » qui n'émettent pas de gaz carbonique. La plus abondante est l'énergie solaire. Les techniques existent pour la transformer en électricité, mais elles sont très coûteuses.

La nature nous offre une autre source d'énergie qui n'émet pas de gaz carbonique : la matière elle-même peut se transformer en énergie. L'équation d'Einstein $E = mc^2$ laisse entrevoir l'infini. Pratiquement, je l'ai déjà noté, d'un gramme d'uranium il est possible d'obtenir l'énergie délivrée par une tonne de pétrole. Dans les surgénérateurs, les réactions nucléaires produiront non seulement de l'énergie, mais aussi des corps qui eux-mêmes produiront de l'énergie.

## Les défauts du nucléaire : les déchets et le risque d'accident

Dans un réacteur nucléaire, si la réaction en chaîne s'écarte un peu de l'équilibre, des mécanismes de rappel l'y ramènent[1]. Si la réaction s'écarte trop de cet équilibre, elle s'arrête nécessairement mais laisse des produits radioactifs qui continueront de dégager d'importantes quantités de chaleur. L'accident grave intervient lorsque cette chaleur n'est pas évacuée en bon ordre. Alors les matières radioactives sont expulsées dans l'environnement et peuvent rendre durablement inhabitables des centaines de kilomètres carrés.

En fonctionnement normal, une fois le combustible usé, il reste des produits qui continueront d'être radioactifs pendant très longtemps, des centaines de milliers, voire des millions d'années.

L'énergie nucléaire, virtuellement disponible pour fournir sans limites de l'électricité à une humanité dont les besoins en énergie sont insatiables, présente donc deux défauts : les déchets et le risque d'accident.

## Les déchets

Une réflexion sur les déchets pourrait mener assez loin. L'homme a-t-il le droit de laisser derrière lui des déchets dangereux ? Est-il possible de ne pas laisser de déchets ? D'ailleurs, question préalable : qu'est-ce qu'un déchet ?

1. Voir au chapitre I.

Ce qui est considéré aujourd'hui comme un déchet pourrait plus tard être vu comme une ressource. Ce qui nous paraît aujourd'hui dangereux sera peut-être vu comme inoffensif si l'on a appris à s'en protéger.

Cette réflexion sur les déchets se développe sur les terrains de la technique, de la psychologie, de l'anthropologie, du droit et de la morale. Elle mêle les faces lumineuses et obscures de l'activité humaine. Elle associe la génération présente et les générations futures. Lorsque les déchets restent toxiques sur de très longues périodes, on est conduit à se projeter par la pensée dans un ou deux millions d'années, ce qui, par un effet de miroir, nous ramène aux origines de l'humanité, et interroge, de façon subliminale, sur ce que sera l'humanité dans deux millions d'années. On entend parfois poser cette question : si l'homme n'existe plus, peut-on encore parler de déchets toxiques et d'atteintes à l'environnement ?

Il n'est pas surprenant que la question des déchets nucléaires ait pris une telle importance dans le débat sur le nucléaire. Mais on a envie de dire : « Halte-là ! Revenons-en aux faits pour considérer seulement la réalité et non les sentiments et les extrapolations qu'elle nous inspire. »

L'observation des faits oblige à constater que les déchets nucléaires à vie longue, tels qu'ils sont conditionnés et tels qu'ils seront stockés en France, ne présentent aucun risque.

La focalisation de la pensée, quasi obsessionnelle, sur les déchets nucléaires présente elle-même un risque en ceci qu'elle occulte l'insouciance et la négligence avec lesquelles nous accumulons ou relâchons aux quatre vents des masses de déchets dont la nocivité est tout aussi redoutable et durable que celle des produits radioactifs. Ainsi, au nom des 70 kg de déchets radioactifs très toxiques mais parfaitement conditionnés qu'elle engendrerait, on refuserait une production d'électricité nucléaire[1] qui, en remplaçant une

1. La production d'un réacteur nucléaire de 1 GW pendant un an.

égale production d'électricité à partir de charbon, éviterait la dispersion dans des terrils de 200 kg d'arsenic et l'émission dans l'atmosphère d'oxydes d'azote et de microparticules très nocifs et de 8 millions de tonnes de gaz carbonique ? La disproportion laisse pantois.

S'ils sont bien informés, les Français n'auront donc aucune raison de s'inquiéter des déchets nucléaires. Ils se sentiront tenus de préférer une production d'électricité nucléaire à une production à partir de charbon ou de gaz.

Et sans doute verront-ils dans la gestion de ces déchets un exemple qui devrait inspirer la façon de contrôler les déchets toxiques de toute nature produits par l'activité humaine, comme les métaux lourds, les produits phytosanitaires, etc.

## Le risque d'accident

Le risque d'accident était connu et n'a jamais été caché. L'IRSN publie depuis longtemps sur son site une vidéo qui décrit l'accident très grave. De plus, les populations habitant à proximité des centrales nucléaires ont toujours été informées qu'en cas de rejets radioactifs, elles auraient à avaler des pastilles d'iode. Mais l'opinion publique et la presse avaient entendu, ou souhaité entendre, qu'il n'y avait pas de risque. L'accident de Tchernobyl a vite été qualifié d'accident « soviétique », mais celui de Fukushima, sur des réacteurs nucléaires semblables à ceux qui sont exploités en France, a brutalement remis le risque devant nos yeux.

Si, dans le monde, il y a 1 000 réacteurs nucléaires, il n'est pas improbable de voir se produire un accident dans les vingt ou trente années à venir[1]. Cet accident pourrait arriver chez nous. Nous pourrions en être les victimes directes. C'est ainsi que l'accident de Fukushima a été ressenti par une large fraction de la population française. En Allemagne ce sentiment a été assez fort pour susciter une décision radicale, celle d'arrêter purement et simplement toute production nucléaire sur le sol allemand, avec le projet de convaincre l'Union européenne d'y renoncer également.

Ce n'est pas le nombre de morts causées par l'accident qui est en cause. La radioactivité émise hors du site de la centrale à la suite de l'accident de Fukushima n'a tué personne et causera dans les décennies à venir assurément moins de mille décès – très probablement moins de cent. Un accident nucléaire laisse en effet le temps de s'éloigner avant les émissions de radioactivité. Mais il oblige à évacuer des dizaines ou des centaines de milliers de personnes et rend inhospitaliers pour des dizaines d'années ou davantage des dizaines ou des centaines de kilomètres carrés. La vie personnelle familiale et professionnelle en est bouleversée et peut en être brisée. La situation sociale et sanitaire autour de Tchernobyl montre quelle peut être l'ampleur des dommages. Un an après l'accident de Fukushima, selon les estimations officielles, quelques centaines de personnes sur les 80000 qui ont été déplacées ont perdu la vie prématurément non pas à cause d'une irradiation mais, comme à Tchernobyl, par fatigue et désespoir.

Les exploitations minières de lignite en Allemagne, la construction de grands barrages en Chine ou ailleurs obligent à évacuer des surfaces beaucoup plus vastes. Cela ne se fait pas sans grandes douleurs. Néanmoins, les situations ne sont pas comparables. Imagine-t-on la ville de Bordeaux évacuée en catastrophe, ou la ville de Lyon ? Ce risque de devoir vider de sa population une vaste zone à la suite d'un

1. Une probabilité d'accident de 1 sur 100000 n'interdit pas que, sur un ensemble de 1000 réacteurs, un accident arrive en moins de vingt ans.

accident nucléaire peut être ressenti comme inacceptable, sans qu'on ait besoin de justification économique, technique ou financière.

### Si le risque est inacceptable

Que répondre ? Que le risque d'une catastrophe nucléaire est plus faible que celui de voir un grand barrage céder sous la pression des eaux, noyant des villes comme Lyon ou Grenoble sans laisser le temps de fuir ? Que les risques courus tous les jours qui mettent en jeu non seulement notre confort mais aussi notre vie sont incommensurablement supérieurs à ceux d'un très grave accident nucléaire[1] ?

On tentera peut-être de répondre en montrant que les effets sur la santé ne sont pas tels qu'on le croit. La radioactivité émise à la suite d'un accident nucléaire est de même nature, exactement, que celle qui vient du sol ou de l'espace ; des millions de personnes, en Inde ou ailleurs, vivent sans en être affectées en recevant des doses de radioactivité vingt ou trente fois supérieures aux normes internationales qui définissent la dose de radioactivité à éviter ; la radioactivité des sources thermales a longtemps été vantée comme favorable à la santé ; aucune étude ne permet de montrer qu'une faible dose de radioactivité augmente le nombre de cancers ; les recherches médicales montrent que les cellules d'un corps vivant et le tissu lui-même corrigent les innombrables agressions dont ils sont l'objet.

1. Le nombre de décès pour cause d'accident de la route en France, qui était naguère supérieur à 10000 par an, est encore aujourd'hui proche de 5000 par an ; le nombre *probable* de décès pour cause d'accident nucléaire est *en moyenne*, hors du site des centrales, inférieur à 2 par an.

On montrera aussi les progrès considérables qui sont déjà réalisés au Japon pour décontaminer les sols et les bâtiments.

Tout cela ne sera pas contesté mais, lorsque le refus est radical, toute comparaison est vaine quoi que l'on dise. Inutile donc de comparer risques et avantages. Le refus est entier. Ses conséquences directes et indirectes sur les dépenses, le mode de vie, l'activité économique, rien de cela ne compte alors.

Ce refus, qui est celui de l'Allemagne et d'organisations antinucléaires, est logique et respectable.

Il doit être pris d'autant plus au sérieux qu'il est possible de vivre sans nucléaire en émettant peu de gaz carbonique. Isoler beaucoup mieux les maisons, se chauffer moins, se déplacer moins, multiplier les éoliennes et les panneaux photovoltaïques, consommer du gaz, du pétrole et du charbon, stocker le $CO_2$ sous le sol, stocker massivement l'électricité pour compenser les fluctuations du vent et du soleil : tout cela est possible. *Inutile d'en calculer le coût* car, quel qu'il soit, il ne peut pas remettre en cause la décision de sortir du nucléaire, dont les motifs sont d'un autre ordre que l'économie et la finance.

**Diviser par deux le risque inacceptable ?**

En France comme en bien d'autres pays, l'opinion générale est partagée. Elle est consciente du risque et le juge en effet inacceptable. *En même temps*, elle refuse les effets d'un arrêt complet de la production nucléaire : dépendance énergétique, augmentation des dépenses, etc.

Comme il est tentant, pour un responsable politique, de proposer à l'opinion inquiète de ce risque inacceptable de diminuer la capacité nucléaire pour diminuer le risque !

Comme c'est simple et comme cela paraît évident ! Si tout le monde est convaincu de la justesse de la proposition, pourquoi pousser la réflexion plus loin ?

Or cette proposition, diviser par deux un risque qu'on ne saurait courir car il est inacceptable, est absurde.

Supposez que l'on vous propose un fruit ; vous allez le prendre, mais en même temps on vous informe qu'il y a une certaine probabilité que le fruit soit empoisonné. Allez-vous répondre « donnez-m'en seulement la moitié » ? Ce ne serait pas vous porter en haute estime de penser que vous répondriez ainsi.

### Refuser complètement le nucléaire ou continuer de raisonner ?

Si le risque de perdre par accident des territoires est absolument inacceptable quelle qu'en soit la probabilité, il doit être refusé absolument. S'il n'est pas refusé absolument, il faut se demander de combien de réacteurs nucléaires la France a besoin, ce qui passe par une réflexion sur les avantages et les inconvénients de toute nature, économiques, sociaux et géostratégiques, de différentes options. Il faut commencer par comparer le coût de production de l'électricité selon les techniques utilisées. Puis seront comparés des tableaux de production et de consommation d'énergie selon l'évolution de la capacité nucléaire.

Il n'est pas exclu *a priori* que cette réflexion conduise à conclure que la meilleure solution pour la France est d'arrêter la production nucléaire ou de la diviser par deux. Il n'est pas exclu non plus que la conclusion soit très différente et conduise à *augmenter* la capacité nucléaire.

## Chapitre VIII

# Combien coûte la production d'électricité

*Le coût de production de l'électricité nucléaire dépend surtout du montant de l'investissement initial, du coût du financement et de la durée de la construction. Il doit inclure les dépenses de démantèlement des réacteurs et de gestion des déchets. Celles-ci ne sont pas connues précisément mais, de toute façon, leur impact n'est que de quelques pour-cent. L'électricité nucléaire coûtera à l'avenir entre 50 et 60 €/MWh. Les éoliennes et panneaux photovoltaïques coûtent plus cher, voire beaucoup plus cher. Leurs productions intermittentes doivent être complétées par une production à partir de gaz ou par des capacités de stockage. Il faut donc ajouter le coût du* $CO_2$ *qui, pour une forte diminution des émissions, sera élevé, ou celui du stockage d'électricité, très onéreux.*
*Pour diminuer de façon conséquente les émissions de* $CO_2$*, la production d'électricité nucléaire est préférable à une production à partir du gaz, même si le réacteur nucléaire ne fonctionne qu'une partie du temps.*

Le coût de l'électricité est-il, par mégawatt heure (MWh), de 10 €, ou bien est-il supérieur à 1 000 € ?

Pour augmenter de 1 million de MWh la production d'un réacteur nucléaire qui ne fonctionne pas à pleine puissance, il faut une dépense supplémentaire de 10 millions d'euros. Le coût de production du MWh produit, le MWh « marginal », est ici de 10 €. Pour rentabiliser la pose de panneaux photovoltaïques, il faut vendre le courant 300 € par MWh. Les groupes électrogènes qui permettent de répondre aux pointes de consommation d'électricité ne fonctionnent que quelques heures par an. Ils ne peuvent être financés que si l'électricité qu'ils produisent est vendue plus de 1 000 € par MWh, cent fois plus que le coût marginal du MWh nucléaire. Comment alors parler du coût de l'électricité ?

Pour être complet, il faut ajouter à l'investissement et aux dépenses de fonctionnement le coût des dommages causés par la production d'électricité. Il faut aussi prévoir les dépenses à faire ultérieurement : les risques d'accident nucléaire et les dépenses prévisibles pour le stockage des déchets et le démantèlement des réacteurs ; les accidents dans les mines de charbon, la silicose dont souffrent les mineurs, les pollutions autour des centrales et, surtout, les émissions de gaz carbonique.

De surcroît, l'électricité produite par le vent ou le soleil est intermittente et indépendante de la demande. Quand elle est insuffisante, il faut la compléter avec des turbines à gaz ou en puisant dans un stockage d'électricité, qui coûte très cher.

**Les unités**

*La capacité de production* d'une centrale, c'est-à-dire ce qu'elle peut produire au maximum, que l'on appelle aussi puissance installée, s'exprime en multiples du watt, le kilowatt (kW), le mégawatt (MW, 1 000 kW), le gigawatt (GW, 1 000 MW).

*La quantité d'électricité* produite ou consommée s'exprime en kilowatt heure (kWh), et en multiples du kWh. Le kWh est la quantité d'électricité produite par une puissance de 1 kW pendant 1 heure. Les multiples du kWh sont les MWh (1 000 kWh), le GWh (1 000 MWh) et le térawatt heure (TWh, 1 000 GWh).

## Comment calculer le coût de production de l'électricité

Pour calculer le coût du MWh, voici la méthode que j'ai retenue. On suppose que le coût est constant tout au long de la vie de l'outil de production. Il ne diminue donc pas lorsque l'installation est amortie. Si l'électricité est vendue à un prix égal au coût, la vente d'électricité permet de financer toutes les dépenses[1]. Comment faire plus simple ? Le calcul est fait en « monnaie constante », c'est-à-dire sans inflation.

Certaines dépenses interviennent de loin en loin : ce sont les investissements, les gros travaux d'entretien, le démantèlement des installations.

Le démantèlement d'une centrale nucléaire coûtera cher. On calcule combien il faudrait placer d'argent aujourd'hui pour le payer à la fin de la vie de la centrale. Par prudence, on suppose que ce placement rapporterait seulement 2 ou 3 % par an (en plus de l'inflation)[2]. Cette somme s'ajoute au montant initial de l'investissement.

Si l'on prévoit d'autres dépenses ultérieures importantes, on procède de la même façon.

Si l'on disposait, au jour où la centrale commence à fonctionner, d'une somme égale au total du coût des travaux, des intérêts courus pendant le temps de la construction et des provisions pour le démantèlement et pour les futurs travaux d'entretien, toutes les dépenses d'investissement seraient financées. Supposons que ce financement soit apporté par un fonds qui demande à être remboursé par *une annuité constante* pendant toute la durée de vie du moyen

1. EDF appelle cela un « coût de développement » et la Cour des comptes l'appelle CCE pour « coût courant économique » (cf. p. 271 de son rapport sur le coût de production de l'électricité nucléaire).

2. La Cour des comptes a fait ses calculs avec un taux d'intérêt de 5 % en monnaie courante, soit 3 % hors inflation si celle-ci est de 2 %.

de production (réacteur nucléaire, éolienne ou autre), comme un crédit-bail. Naturellement, l'annuité constante dépend beaucoup du taux d'intérêt. Une entreprise fera ses calculs en tenant compte du coût de ses ressources financières. EDF retient 8 % en monnaie constante (c'est-à-dire en plus de l'inflation). Pour évaluer les investissements d'intérêt public, l'État fait le même genre de calcul avec un taux de 4 %.

D'autres dépenses sont faites tous les ans. Certaines sont liées à la capacité de production et non à la quantité produite. Ce sont les dépenses d'exploitation, les impôts, l'entretien courant, les dépenses de recherche, les dépenses d'administration communes à l'ensemble de l'entreprise. D'autres dépenses sont directement liées à la quantité d'électricité produite : ce sont l'achat du combustible, les dépenses de traitement et de stockage du combustible nucléaire usé et des déchets, l'achat de permis d'émettre du $CO_2$ ; plus tard, peut-être, un impôt sur les émissions de $CO_2$.

On ajoute alors l'annuité constante représentant les dépenses d'investissement et toutes les dépenses annuelles, et l'on divise le tout par la quantité d'électricité produite dans l'année.

Ce coût ainsi calculé dépend du montant de l'investissement et du coût de la ressource financière. Il dépend aussi du taux d'utilisation des équipements.

Ce mode de calcul, outre qu'il est simple, permet de comparer facilement des moyens de production d'électricité dont la durée de vie est différente : soixante ans pour un EPR, vingt ans pour une éolienne.

## Le coût de l'électricité nucléaire

Le coût de production de l'électricité nucléaire a fait l'objet de controverses.

La loi NOME, nouvelle organisation du marché de l'électricité, oblige EDF à vendre à des fournisseurs d'électricité une partie de sa production à un prix censé refléter le coût de production de l'électricité nucléaire. Ce coût a été fixé à 42 €/MWh, un niveau jugé satisfaisant par EDF, mais excessif par les autres fournisseurs d'électricité.

La Cour des comptes a remis au début de 2012 un rapport que tout le monde reconnaît comme très sérieux. Comme son nom l'indique, elle compte les dépenses réalisées. Pour ce qui est des dépenses futures, elle retient seulement celles qui sont rendues obligatoires par l'activité présente car, dans ce cas, il faut faire dès maintenant des provisions pour financer ces dépenses futures.

La Cour a constaté qu'il n'y a pas de dépenses cachées, ce qui devrait faire taire ceux qui prétendaient le contraire. Elle regrette de ne pas avoir vu d'études convaincantes sur le coût du démantèlement des réacteurs. Elle note qu'il faut prévoir le financement des travaux à réaliser sur les réacteurs en fonctionnement pour prolonger leur durée de vie et tenir compte des enseignements tirés de l'accident de Fukushima.

Elle a calculé le coût de production selon plusieurs méthodes faisant plus ou moins intervenir les données comptables et les dépenses futures. Les résultats vont de 38 à 54 €/MWh.

La programmation des investissements des décennies à venir doit se baser non pas sur le coût de production des réacteurs en fonctionnement aujourd'hui, mais sur le coût de *nouveaux* moyens de production. Pour les évaluer, j'utiliserai la méthode présentée plus haut.

La construction de l'EPR de Flamanville coûte très cher. Le dernier montant annoncé par EDF est de 6 milliards d'euros, deux fois plus que ce qu'ont coûté au moment de leur construction les réacteurs aujourd'hui en fonctionnement (en monnaie constante). Il s'agit d'un prototype dont la construction a connu de nombreuses avanies. Lorsque l'on construira plusieurs EPR, leur coût devrait être très inférieur à celui de ce prototype. Les Chinois nous montrent qu'il est possible de construire un EPR dans les délais.

En supposant que le coût de l'EPR est de 4,8 milliards, en reprenant les informations données par la Cour des comptes sur les coûts de fonctionnement courants, en tenant compte d'une nouvelle évaluation du coût de gestion des déchets et des dépenses de gros entretien mais sans compter le démantèlement, le coût d'une production d'électricité en continu (si le réacteur fonctionne à plein régime 90 % du temps) est de 52 €/MWh, si le coût de la ressource financière est de 8 % et si la durée de vie du réacteur est de soixante ans[1].

Si le coût de la ressource financière est de 4 %, le coût de production est de 38 €/MWh.

### *Le démantèlement des centrales nucléaires*

L'expérience en France et dans d'autres pays montre qu'il est possible de démanteler les installations nucléaires quel qu'en soit le type, et de remettre le terrain à l'état de gazon.

Le rapport de la Cour des comptes a prêté une grande attention à cette question et sa lecture est intéressante. EDF a évalué le coût du démantèlement à 15 % du coût de la construction. L'OCDE a fait une collecte systématique d'informations sur les coûts. Il en ressort que cette estimation

1. Voir le détail en annexe.

est plausible. La Cour constate de même que cette évaluation n'est pas irréaliste mais pense qu'elle est probablement trop basse. Les exemples étrangers, notamment aux États-Unis, laissent penser que le coût sera certainement inférieur à 30 % du montant de l'investissement. Si le démantèlement coûte 15 % de l'investissement et s'il est financé par des provisions constituées tout au long de la vie du réacteur et rapportant un intérêt de 3 %, il suffira que ces provisions soient de 0,7 €/MWh, en supposant que le réacteur fonctionne au mieux de ses possibilités techniques ; il est donc préférable de compter 1 € par MWh effectivement produit. Si l'on prévoit que le démantèlement coûte deux fois plus, la provision devra être de 2 €/MWh.

Cette question a été tellement débattue que l'on peut s'étonner du faible impact du démantèlement des réacteurs nucléaires sur le coût de production. Il est très faible en effet dès lors que l'on prend la précaution de constituer des provisions dès les premières années de fonctionnement des réacteurs. Si ces provisions portaient un intérêt de 2 % seulement, non de 3 % (en monnaie constante), cela se traduirait par une augmentation, sur le coût de production, de 2 à 3 €/MWh seulement, ce qui reste très modéré.

### *Le coût des accidents*

Peut-on faire entrer dans un calcul économique le coût d'un grave accident, très peu probable mais aux conséquences désastreuses ? Cette prétention qu'a l'économie de tout vouloir chiffrer et introduire dans les moulinettes mathématiques peut agacer, j'en conviens. Faisons néanmoins le calcul pour voir ce que cela donne.

Dans ses scénarios les plus sombres, l'IRSN évalue le coût des dommages à 70 milliards d'euros. Supposons qu'il soit de 100 milliards et que la probabilité d'un accident *très grave en France* soit de un pour cent mille par réacteur et par an, c'est-à-dire que, sur cent réacteurs, il y aurait en moyenne un accident tous les mille ans[1]. En multipliant le montant des dommages par la probabilité d'un accident, on calcule que le coût est de 0,12 €/MWh. Même en multipliant la probabilité ou le coût des dommages par 10, l'augmentation du coût du MWh demeure très faible[2].

Avec ce genre de calcul, pour que les conséquences d'un accident se fassent sentir dans le coût de l'électricité à hauteur ne serait-ce que de quelques euros par MWh, il faudrait lui supposer une probabilité tellement élevée que la production nucléaire ne serait pas acceptée. *Cela suffit à confirmer qu'il est vain d'introduire le coût des dommages dans le calcul du coût de production de l'électricité nucléaire*. Mais celui-ci inclut, bien sûr, les précautions qui sont prises pour éviter l'accident.

### *Entre 50 et 60 €/MWh*

Le coût de production des centrales existantes est donc inférieur à 50 €/MWh. L'électricité produite par l'EPR de Flamanville sera beaucoup plus chère mais, ensuite, le coût de production, calculé avec les hypothèses indiquées plus haut, sera de 54 €/MWh. Nous supposerons donc dans la suite qu'il est compris entre 50 et 60 €/MWh.

1. Cette valeur de un pour cent mille a servi de référence pour la conception et le dessin des réacteurs en fonctionnement aujourd'hui ; les EPR ont été conçus pour renforcer la sécurité d'un facteur 10.

2. Dans son rapport, la Cour des comptes calcule combien mettre de côté chaque année de la vie d'un réacteur pour constituer *in fine* une provision permettant de rembourser les dommages causés par un accident grave. Cela revient à supposer qu'il puisse y avoir un accident par réacteur tous les soixante ans.

Ce coût inclut le retraitement du combustible usé et le démantèlement des installations, même si ceux-ci devaient coûter deux fois plus que les estimations faites aujourd'hui.

Il s'agit du coût de l'électricité produite par un réacteur nucléaire qui ne s'arrête que pour des raisons techniques. Si un réacteur ne fonctionne que la moitié du temps, le coût passe de 55 €/MWh à 100 €/MWh.

## Le coût de production d'électricité renouvelable

### *Hydraulique, biomasse, mer*

La France fut parmi les premières nations à utiliser massivement l'énergie hydraulique pour produire de l'électricité. Presque tous les sites favorables sont équipés de barrages – barrages de lac ou de rivière. Les barrages de lac produisent de l'électricité exactement lorsqu'on en a besoin et peuvent monter en puissance très rapidement. Ils sont utilisés pour ajuster finement et en continu la production à la demande et pour répondre aux pics de consommation. Les barrages de rivière produisent en fonction du débit du fleuve et peuvent moduler leur production dans une certaine mesure en faisant légèrement monter ou descendre le niveau du cours d'eau en amont du barrage. Il serait techniquement possible d'équiper d'autres rivières mais cela coûterait cher et soulèverait toute sorte d'objections, car l'eau est une ressource très convoitée pour la pêche, les loisirs et l'irrigation et fait l'objet d'une attention particulière au titre de la protection de l'environnement.

Il est également possible de produire de l'électricité à partir de biomasse. Mais cela coûte deux fois plus que la production nucléaire et consomme une matière qui pourrait être utilisée de façon beaucoup plus efficace pour produire de la chaleur ou du biocarburant de seconde génération[1].

Quant à l'énergie de la mer, nous avons en France une installation qui fonctionne bien : l'usine marémotrice de la Rance. Cette expérience n'a pas été renouvelée car elle est coûteuse et les sites propices sont rares. L'utilisation de l'énergie des courants, avec des hydroliennes, sortes d'éoliennes sous-marines, et celle de l'énergie de la houle avec de longs serpents qui se déforment au gré des vagues n'en sont qu'au stade de la recherche.

L'énergie du vent et celle du soleil, elles, sont domestiquées et les ressources en énergie sont très abondantes – à quel coût ?

### *Les éoliennes*

Les éoliennes offrent le plus souvent le spectacle de l'immobilité. Lorsqu'elles sont sur terre, leur production réelle est égale au quart ou au cinquième de ce qu'elles produiraient si elles ne s'arrêtaient pas. Lorsqu'elles sont en mer, leur taux de fonctionnement est d'un tiers.

Le coût de production des éoliennes sur terre est de 80 € MWh. C'est à ce prix qu'EDF est obligée de l'acheter même si elle n'en a pas besoin. Comme la taille des éoliennes sur terre ne peut continuer de s'accroître, le coût de l'électricité qu'elles produisent ne pourra pas diminuer. D'ailleurs, depuis dix ans, il a augmenté.

Quant aux éoliennes en mer, la décision qui avait été prise d'obliger EDF à racheter cette électricité à 130 €/MWh n'a suscité aucun intérêt de la part des industriels. Il a donc été décidé de faire un appel d'offres. Au début de 2012, il était probable que les prix demandés se situeraient autour de

1. Voir au chapitre IX.

180 ou 200 €/MWh. Ces éoliennes seront des prototypes. L'entretien des éoliennes coûtera cher car la mer est un milieu très agressif. Supposons néanmoins que le coût diminue et se stabilise à 130 €/MWh.

Ces coûts sont calculés dans une logique d'entreprise, donc avec un taux de rémunération du financement de 8 %. Ils se comparent au coût de l'EPR calculé avec le même taux, soit entre 50 et 60 €/MWh.

Cette première comparaison ne suffit pas. Les éoliennes produisent de l'électricité non pas lorsqu'on en a besoin mais lorsque le vent souffle. Encore faut-il qu'il ne souffle pas trop fort car alors, par sécurité, les éoliennes sont mises à l'arrêt.

### *La production d'électricité à partir de l'énergie solaire*

C'est en pleine journée d'été que les panneaux photovoltaïques produisent un maximum alors que l'on n'en a pas besoin, sauf dans les régions chaudes où fonctionnent des climatiseurs. En revanche, ils ne produisent pas lorsque la demande d'électricité est à son maximum, à la fin des après-midi de février. Le coût de production d'électricité est de plusieurs centaines d'euros par MWh. Ajoutons que les panneaux photovoltaïques sont achetés en Allemagne ou en Chine. Tous les Français consommateurs d'électricité dépenseront encore, sur près de vingt ans, des milliards d'euros chaque année pour financer des panneaux photovoltaïques que les Chinois ont produits beaucoup plus pour l'exportation que pour leur propre consommation ! De développement industriel en France, point ou guère.

Comment en est-on arrivé là ? Un emballement collectif – tellement fort qu'un maire qui aurait choisi de ne pas implanter de panneaux photovoltaïques sur une nouvelle école pouvait craindre de mécontenter ses électeurs et de perdre des voix !

La recherche scientifique et technique continuera d'abaisser les coûts de production de sorte que le photovoltaïque a probablement un bel avenir devant lui[1]. Mais aujourd'hui il n'est utile que dans les zones isolées impossible à relier à un réseau électrique. Plutôt que de financer l'implantation de panneaux construits selon une technique dont on sait qu'elle deviendra bientôt obsolète, ne serait-il pas préférable de financer la recherche et le développement de nouvelles techniques ?

Les promoteurs de cette forme d'énergie nous annoncent pour bientôt – et même pour tout de suite – la « parité réseau », c'est-à-dire un coût de production qui n'est pas supérieur au prix de l'électricité vendue sur le réseau électrique. Mais cette notion de « parité réseau », qui laisse penser que l'électricité photovoltaïque a un coût équivalent à celui de l'électricité livrée par le réseau, est trompeuse car l'électricité photovoltaïque n'est pas toujours disponible quand on en a besoin.

---

**La « parité réseau », une notion trompeuse**

Le consommateur d'électricité paie un abonnement et un prix du kWh. Il paie ainsi le coût de production de l'électricité (l'investissement et le fonctionnement) et le coût du réseau de transport et de distribution. Le prix au kWh finance non seulement le coût de l'énergie mais aussi une partie du coût des investissements (la centrale électrique, les lignes de transport, etc.). Si un consommateur produit sa propre électricité photovoltaïque pour un coût égal au coût du kWh facturé par EDF et diminue d'autant ses achats à EDF, il ne dépensera rien de plus mais paiera moins pour le réseau alors qu'il continuera de bénéficier du même service, c'est-à-dire l'assurance d'avoir de l'électricité quand il en a besoin. Cela

1. Voir au chapitre VI.

veut dire que les autres consommateurs paieront davantage pour financer le réseau – y compris à son profit.

Une autre technique susceptible de se développer consiste à concentrer les rayons du soleil sur des tubes où circule un fluide qui se vaporise et va actionner une turbine. Pendant la journée, une partie de la chaleur reçue du soleil peut être stockée dans des sels fondus qui, la nuit venue, cèdent leur chaleur au fluide qui actionne la turbine. Dans les régions très ensoleillées, cette technique produit de l'électricité au même coût que les panneaux photovoltaïques. En France métropolitaine, elle serait beaucoup plus coûteuse.

### *Une production fluctuante sans relation avec la demande*

En France métropolitaine, tant que la capacité des éoliennes n'est pas supérieure à 10 GW, assez paradoxalement on serait en droit de penser que tout se passe à peu près comme si leur production était constante. On peut calculer en effet que, les fluctuations du vent se mêlant à celles de la demande et s'y perdant, le dispositif qui permet aujourd'hui de répondre aux fluctuations de la demande devrait être suffisant pour répondre à la fois aux fluctuations de la demande et à celles du vent. C'est ce que nous expliquaient les promoteurs des éoliennes et leur raisonnement sonnait juste[1]. Mais cela ne serait vrai que si le vent continuait de souffler de la même façon quelle que soit la demande d'électricité.

Or ce n'est pas le cas ! Le mois de janvier 2012 est typique de ce qui se passe fréquemment et que l'on a vu pendant

1. On trouvera sur www.hprevot.fr une explication de ce phénomène *a priori* surprenant.

l'automne 2011 : lorsque le vent souffle bien, il vient généralement de l'océan et apporte avec lui de la douceur. En janvier il a fait froid au milieu du mois et durant quelques jours en fin du mois. La production éolienne fut très faible pendant dix jours au milieu du mois et pendant les cinq derniers jours. Le suivi quotidien de la production éolienne présentait un intérêt météorologique : une baisse de la production anticipait de quatre ou cinq jours une baisse de la température.

Même lorsque la puissance des éoliennes est faible, on ne sait donc pas quoi faire de cette production inconstante et à contretemps. Elle est achetée cher par EDF, payée par tous les consommateurs et exportée. Si la capacité éolienne européenne augmente encore, lorsqu'un pays produira trop il ne pourra pas l'envoyer dans les pays voisins. En Allemagne, déjà, les producteurs sont quelquefois *obligés* d'arrêter leurs éoliennes. Cela augmente leur coût moyen de production. Ils n'en souffrent pas puisque les consommateurs sont obligés, quoi qu'il arrive, de payer.

Comme la capacité des éoliennes augmente, il faudra leur adjoindre des capacités de stockage d'électricité ou des capacités de production. Il en est de même du photovoltaïque.

### *Le stockage de l'électricité*

Le stockage de l'électricité est un défi majeur.

Le stockage de masse le moins coûteux est la STEP, station de transfert d'énergie par pompage. Le procédé consiste à utiliser l'électricité pour remonter de l'eau d'un réservoir dans un autre situé plus haut puis de faire retomber cette eau dans le réservoir inférieur pour produire de l'électricité lorsque l'on en a besoin. La Suisse est passée maîtresse en la matière. Elle achète à la France de l'électricité nucléaire produite la nuit et « turbine » cette eau dans la journée pour produire une électricité qu'elle vend comme une électricité hydraulique. Voilà comment « verdir » de l'électricité nucléaire !

Pourrait-on utiliser le même principe pour compenser les fluctuations de la production des éoliennes qui sont en mer ? Créer d'énormes bassins sur les falaises ? Lorsque la côte est plate, on imagine construire en mer à proximité des champs d'éoliennes d'immenses bassins où le niveau de l'eau serait plus haut de quelques mètres que celui de la mer. Tout cela coûterait très cher. De toute façon, que ce soit sur les falaises ou en mer, on ne voit pas, en France, où ce genre de stockage pourrait être aménagé.

Depuis des décennies, des sommes considérables sont dépensées pour stocker l'énergie sous forme d'hydrogène. Mais on butera inévitablement sur le mur dressé par les rendements physiques. L'électrolyse de l'eau a un rendement de 75 % ; puis il faut comprimer l'hydrogène, ce qui demande 20 % d'énergie, puis le retransformer en électricité avec un rendement de 45 %. Au total, on aura perdu les deux tiers de l'énergie de départ, ce qui veut dire qu'avant même de compter le coût des équipements, l'électricité ainsi produite coûtera trois fois plus cher que l'électricité éolienne !

Il en est de même d'un autre procédé qui paraît plus simple : comprimer de l'air, soit dans des réservoirs à installer sur un véhicule, soit dans de grandes cavités créées dans des couches géologiques.

En revanche, les batteries ou accumulateurs connaissent de rapides progrès. C'est aujourd'hui la technique des batteries au lithium qui est la plus prometteuse. Elles ont un rendement de plus de 90 %. Certaines d'entre elles tiennent bon après des milliers de cycles de charge et décharge et leur prix est descendu, en Chine ou au Japon, à 500 €/kWh de capacité. Aux États-Unis, on annonce des percées technologiques qui diviseront encore ce prix par plus de 2. À ce prix, le coût du stockage est compris entre 100 et 200 € par MWh transitant par le stockage, à ajouter au coût de production de l'électricité.

Le coût du stockage de l'électricité est tellement élevé que la meilleure façon de répondre au besoin est de faire en sorte que ce besoin disparaisse. Il suffirait pour cela de développer les usages de l'électricité pour lesquels celle-ci peut être remplacée facilement par une autre forme d'énergie qui se stocke bien, c'est-à-dire du carburant, du combustible liquide, du gaz, de la biomasse ou de la chaleur. Alors, le consommateur ne demanderait pas de l'électricité mais de *l'énergie*. Pour répondre à la demande, stocker de l'électricité deviendrait inutile puisque c'est une autre forme d'énergie qui serait stockée. Ces combinaisons d'énergie sont possibles dans le chauffage et dans le transport et ne coûtent pas cher, comme je le montre plus loin[1].

### *Le vent et le soleil ont besoin de gaz ou de charbon*

À côté des éoliennes et du photovoltaïque, il faut d'autres moyens de production d'électricité. Ce sont des centrales au gaz ou au charbon, capables de répondre très vite aux fluctuations de la demande et à celles de la production des éoliennes et des panneaux photovoltaïques. Ce ne sont pas, comme on le dit souvent, des capacités d'appoint : elles produisent plus que les éoliennes et les panneaux photovoltaïques. Ces centrales au gaz ou au charbon émettent du gaz carbonique et causent bien d'autres dommages. S'il est décidé de beaucoup diminuer les émissions françaises de $CO_2$, l'électricité faite à partir de gaz devra payer quelque chose pour ses émissions de $CO_2$. Comme je le montrerai plus loin[2], l'électricité

1. Au chapitre IX. Pour le chauffage, j'avais avancé cette idée dans *Trop de pétrole !* (Seuil, 2007). Elle commence à progresser.
2. Au chapitre IX.

produite avec du gaz coûtera alors 110 €/MWh au minimum. La production d'électricité à partir de charbon avec captage et stockage du $CO_2$[1] coûtera à peu près autant.

**Les dommages causés par la production d'électricité à partir de charbon ou de gaz**

Les effets sur la santé des différents modes de production d'électricité ont été étudiés dans l'étude ExternE de la Commission européenne[2]. Les centrales au charbon mises en service avant l'année 2000 font de gros dégâts. Le coût sur la santé des émissions de particules et d'oxyde de soufre et d'azote par ces centrales double pratiquement le coût de production. Mais les nouvelles normes applicables aux centrales mises en fonctionnement depuis 2000 ont considérablement diminué le coût de ces dommages : il est évalué à 10 €/MWh.

Les émissions de $CO_2$ par une centrale au charbon sont un peu inférieures à une tonne par MWh. En aggravant le réchauffement climatique, elles causent des dommages que l'on peut évaluer à 100 €/MWh.

Une centrale au gaz émet deux fois moins de $CO_2$, causant des dommages climatiques de 50 €/MWh.

À cela s'ajoutent les morts dans les mines de charbon, les milliers de kilomètres carrés des mines à ciel ouvert, les montagnes de déchets, les fuites de méthane dont le pouvoir de réchauffement, à quantité égale de carbone contenu dans le gaz, est 7 fois supérieur à celui du gaz carbonique.

1. Le $CO_2$ est capté dans les fumées de combustion, comprimé et stocké dans des cavités souterraines sous une forme intermédiaire entre l'état gazeux et l'état liquide.

2. On trouvera sur www.hprevot.fr une étude sur les coûts externes de la production d'électricité.

### *Davantage de lignes électriques*

Les éoliennes et le photovoltaïque ne ressemblent pas du tout à ce que l'on a voulu nous faire croire : des modes de production décentralisés donnant aux « citoyens » et aux collectivités locales la maîtrise de l'électricité qu'ils consomment et rendant inutiles les grands réseaux de transport.

Il faut installer les éoliennes dans les zones ventées et les panneaux photovoltaïques dans les zones ensoleillées. Les unes se trouvent en mer du Nord ou sur la façade atlantique, les autres se trouvent en Grèce, en Italie ou en Espagne – et l'on parle du Sahara !

Les Allemands sont en train de se rendre compte du coût des lignes électriques qu'ils devront installer pour amener l'électricité du Nord au Sud de leur pays. On cite un besoin de 4 000 km de lignes électriques nouvelles !

De plus l'intermittence des productions éoliennes ou solaires complique la gestion du réseau, qui doit être équilibré à chaque instant.

En France, le transport de l'électricité par les lignes à haute tension coûte 10 €/MWh. Si la production est éloignée des lieux de consommation, il coûtera plus cher. La différence sera de 10 à 20 €/MWh, qu'il faut ajouter au coût de ces productions à partir du vent ou du soleil.

---

**Les coûts de production d'électricité, tout compris**

L'électricité nucléaire coûte entre 50 et 60 €/MWh – si le coût du financement est de 8 % en plus de l'inflation.

L'électricité produite à partir de gaz, en incluant ce que sera le coût du $CO_2$ dans un programme de forte diminution des émissions, coûtera 110 €/MWh.

Le coût de production par des éoliennes à terre est de 80 €/MWh. Ce coût est à la hausse. Le coût de production par des éoliennes en mer est au moins de 180 €/MWh ; il pourrait diminuer à l'avenir. L'électricité éolienne est intermittente et produite loin des lieux de consommation. Elle oblige donc à dépenser davantage pour le transport de l'électricité, le surcoût se chiffrant à 10 ou 20 €/MWh. De plus, elle rend nécessaires une capacité de production d'électricité à partir de gaz ou des capacités de stockage d'électricité. Le stockage coûte très cher : à part les STEP, au moins 100 € par MWh transitant par le stockage.

Au total, le coût de l'électricité produite par des éoliennes à terre sera de 100 à 130 €/MWh ; celui de l'électricité produite par des éoliennes en mer sera de 180 €/MWh.

Le photovoltaïque coûte encore très cher, plus de 300 €/MWh. Il ne produit pas lorsque la demande d'électricité est plus forte.

Dans la suite, on considérera qu'une production d'électricité renouvelable coûte en moyenne 110 €/MWh de plus que l'électricité nucléaire.

## Le nucléaire est beaucoup moins cher

À part l'hydraulique, l'électricité nucléaire est deux fois moins chère que l'électricité produite par des éoliennes sur terre ou à partir de gaz, trois fois moins chère que l'éolien en mer et quatre fois moins chère que le photovoltaïque.

Comment certains auteurs arrivent-ils à prétendre que le nucléaire coûtera aussi cher que l'électricité « renouvelable » ? Il leur suffit de comparer le coût de l'EPR de Flamanville à celui des réacteurs construits il y a trente ans en « oubliant » que cet EPR est un prototype et que son niveau de sûreté est supérieur à ce qu'était celui des autres réacteurs au moment de leur construction, de supposer que le coût des réacteurs continuera d'augmenter sans limites et que celui des éoliennes et du photovoltaïque baissera, et d'oublier le coût du transport d'électricité et de son stockage.

Si le réacteur nucléaire ne fonctionne pas au maximum de ses possibilités, l'électricité qu'il produit coûte plus cher, bien sûr. Pourtant, même s'il ne fonctionnait que 40 % du temps, l'électricité coûterait moins cher que celle d'une centrale au gaz fonctionnant 40 % du temps.

CHAPITRE IX

# L'efficacité de l'électricité nucléaire

*L'électricité nucléaire, bon marché, disponible et non émettrice de $CO_2$, permet de tirer le meilleur parti de nos ressources naturelles, biomasse et chaleur du soleil et du sol, pour produire du biocarburant ou de la chaleur. Elle répond au meilleur coût à la demande de tous les secteurs de l'économie et aux besoins de la vie quotidienne.*

*L'électricité nucléaire est particulièrement efficace lorsqu'elle se combine avec du carburant, du fioul ou du gaz dans des véhicules ou des chauffages hybrides. Cette combinaison de différentes formes d'énergie est une façon élégante et peu coûteuse d'éviter les pointes de consommation d'électricité.*

## Nucléaire et biomasse

Appelons biomasse la partie des ressources forestières agricoles et agroalimentaires qui n'est pas utilisée pour l'alimentation humaine ou animale ni comme matériau[1]. La biomasse peut être laissée sur le sol. Elle peut aussi être utilisée pour produire de l'énergie : aujourd'hui 10 millions de tep par an (Mtep/an) de chaleur et 3,5 Mtep/an de biocarburant.

Il serait possible de produire davantage d'énergie à partir de la biomasse.

1. Les biologistes appellent biomasse toute masse qui est ou qui a été vivante, quel que soit son destin.

En forêt, plutôt que laisser pousser les arbres comme ils viennent pour en extraire du bois de feu, il est souvent préférable de cultiver et d'entretenir la forêt de façon à produire du bois d'œuvre, c'est-à-dire du bois utilisé comme matériau pour le bâtiment, les meubles, l'emballage ou les travaux publics. Cette sylviculture orientée vers la production de bois d'œuvre donne aussi les bois d'« éclaircie », c'est-à-dire les arbres qu'il faut couper pour laisser aux plus beaux la place de grandir, et les chutes de scierie ; en tout, pour 1 $m^3$ de bois d'œuvre, cela fait 3 $m^3$ de petit-bois pouvant servir à faire du papier ou produire de l'énergie.

Les landes, les terres en jachère et celles dont la production est exportée dans des pays en développement au risque de gêner une production agricole locale couvrent quelques millions d'hectares. Une partie de ces terres pourrait être cultivée en plantes produisant un maximum de biomasse, comme du miscanthus[1].

La production de biomasse agricole ou forestière, fournissant aujourd'hui 13 Mtep/an sous forme de bois de feu et de biocarburant, pourrait doubler ou tripler. La meilleure utilisation de la biomasse comme source d'énergie est de la brûler pour se chauffer : chauffage individuel, chauffage collectif, réseau de chaleur ou chaleur industrielle. L'excédent pourrait servir à produire du biocarburant à l'aide de nouvelles technologies permettant d'utiliser toute la biomasse, y compris les parties ligneuses et cellulosiques.

Un des procédés en cours de test consomme beaucoup d'énergie. Celle-ci peut être fournie par la biomasse elle-même. Mais apporter de l'extérieur de l'énergie et de l'hydrogène permettrait, à partir de la même quantité de biomasse, de doubler la production de biocarburant. Une quantité de

1. Voir par exemple une étude de D. Lorne et J.-F. Bonnet parue dans *Les Cahiers du CLIP* : http://www.iddri.org/Publications/Les-cahiers-du-CLIP/Eau-et-biocarburants-a-l-horizon-2030.

biomasse qui pourrait donner une tep de biocarburant sans apport extérieur pourrait en donner deux avec l'apport d'une tep d'électricité. Cela n'est économiquement envisageable qu'avec de l'électricité nucléaire. Aujourd'hui, les ingénieurs qui travaillent sur ces nouvelles techniques espèrent que le coût de production de ce biocarburant ne sera pas supérieur à 1 000 €/$m^3$. Si on y ajoute les frais de distribution, la TIPP du gazole et la TVA, cela conduirait à un prix à la pompe de 1,8 €/l. Si l'électricité était produite par d'autres moyens que les centrales nucléaires, le coût de production serait presque deux fois plus élevé.

Pour ceux qui souhaitent diminuer la production d'électricité nucléaire, la biomasse a une autre destination : produire de l'électricité. Ce serait autant de biomasse qui ne pourrait pas remplacer le fioul ou le gaz de chauffage.

## Nucléaire et chaleur solaire ou chaleur du sol

Faut-il rappeler que la chaleur solaire est la première des énergies renouvelables utilisées par l'homme ? L'énergie étant plus chère, l'architecture bioclimatique a de beaux jours devant elle et le progrès technique associe l'électricité et la chaleur du soleil ou du sol avec une efficacité étonnante.

Une pompe à chaleur électrique eau-eau prend de la chaleur dans une eau dont la température est relativement fraîche et la fait passer dans une eau dont la température est plus élevée. Il existe aussi des pompes à chaleur eau-air, air-eau et air-air. La quantité de chaleur délivrée est supérieure à la quantité d'énergie électrique consommée. Le rapport entre l'une et l'autre est le coefficient de performance, le COP. Il y a quelques années, les COP étaient en pratique de 2 ou de 3. Aujourd'hui, on parle de 4 ou de 5. D'une part, les pompes à chaleur sont plus performantes, de sorte que le COP réel se rapproche du COP théorique, d'autre part, les bâtiments et les systèmes de chauffage sont conçus de façon à augmenter autant que possible la valeur maximale théorique du COP en cherchant à diminuer la différence de température entre la source chaude et la source froide[1].

Voici encore une autre façon d'utiliser efficacement l'électricité nucléaire, conjointement avec la chaleur solaire. Durant l'été la production d'électricité des centrales nucléaires ne coûte presque rien. L'électricité produite pourrait chauffer une eau qui, en circulant dans des tuyaux enfouis à quelques dizaines de mètres de profondeur, chaufferait des terrains qui garderaient cette chaleur pendant plusieurs mois. Celle-ci serait récupérée pendant la saison froide par une eau fraîche qui, ainsi réchauffée, serait une excellente source « froide » pour une pompe à chaleur qui elle-même chaufferait l'eau d'un circuit de chauffage urbain. On pourrait aussi imaginer que l'eau soit chauffée non par l'électricité mais par la vapeur qui fait normalement tourner les turbines produisant l'électricité[2].

## Nucléaire et transport

L'électricité nucléaire permet au transport sur rail de ne pas émettre de $CO_2$.

1. Les PAC individuelles peuvent puiser leur chaleur dans un air ou dans un liquide qui aura circulé dans le sol pour se réchauffer. Celles qui alimentent un réseau de chaleur peuvent la puiser dans une eau de rivière ou dans les eaux d'égout.

2. Il sera très facile de chauffer nos agglomérations, grandes et petites, à l'aide de réseaux de chaleur car ceux-ci permettent de combiner toutes les formes d'énergie.

Les batteries des voitures font des progrès considérables et cela continuera, tellement les enjeux sont importants. La production massive de batteries en diminuera le coût. À ces batteries s'ajouteront des accumulateurs pour absorber l'énergie de freinage. Hors des villes, le véhicule électrique sera longtemps handicapé par la crainte de la « panne sèche » en pleine campagne. C'est donc probablement le véhicule hybride qui se multipliera car il combine l'avantage de l'électricité, non polluante et bon marché car très efficace, et celui du carburant liquide, facile à stocker et à transporter. Pas de crainte de panne, loin d'une station-service. De plus, il est possible de suspendre la recharge des batteries d'une voiture hybride pendant les périodes de forte demande d'électricité sans trop gêner l'automobiliste, qui pourra utiliser du carburant liquide.

Quand l'électricité est produite à partir de gaz ou de charbon, le véhicule hybride ou le véhicule électrique qui la consomme ne pollue pas en ville, mais la production d'électricité elle-même émet du $CO_2$. Les véhicules hybrides et électriques ne seront véritablement un progrès que si l'électricité est produite sans émission de $CO_2$. Si cette électricité est produite à partir du soleil ou du vent, elle sera beaucoup moins utilisée que si elle est nucléaire car beaucoup plus chère.

Si le prix du carburant atteint un niveau qui permet de financer le biocarburant, soit 1,8 €/l à la pompe, l'utilisation des véhicules hybrides et des véhicules électriques se diffusera largement. Dans les villes, on verra se multiplier les petits véhicules urbains électriques. Dans trente ans, on peut faire l'hypothèse que, sur la moitié des distances parcourues sur route, l'énergie de la propulsion sera fournie par l'électricité.

Si la capacité nucléaire est suffisante, grâce au biocarburant, aux véhicules hybrides, aux véhicules électriques et à l'amélioration continue de l'efficacité énergétique des véhicules, il sera possible de diviser par quatre les émissions de $CO_2$ du transport sans diminuer les distances parcourues sur route et en avion. Il sera donc inutile de porter le prix du carburant à plus de 1,8 €/l à la pompe.

Sans nucléaire, l'électricité produite par un mix d'éoliennes sur terre ou en mer et de photovoltaïque coûterait plus cher : par MWh 110 € hors TVA de plus[1], à quoi il faut ajouter la TVA, soit, par MWh, 130 € TTC. Comme l'électricité est trois fois plus efficace qu'un carburant liquide, cela se traduirait par une augmentation supplémentaire du prix du carburant de 43 c€/l.

Sans électricité nucléaire, la production de biocarburant avec apport extérieur d'énergie coûterait presque deux fois plus cher, ce qui se traduirait à la pompe par un écart de prix, TVA comprise, de 1 €/l[2].

Comme il faudra de toute façon continuer de consommer du carburant liquide, s'il manquait d'électricité nucléaire pour alimenter les véhicules électriques ou hybrides et pour produire du biocarburant, le prix du carburant devrait augmenter de 0,5 à 1 € par litre *de plus* que si la capacité nucléaire est suffisante.

## Nucléaire et chauffage

Les pompes à chaleur permettent d'utiliser très efficacement l'électricité. Mais il ne faudrait pas renoncer pour autant à l'usage de simples résistances électriques. En effet,

1. Y compris le coût des réseaux et les dépenses rendues nécessaires par l'intermittence du vent et du soleil (capacités de production à partir de gaz y compris le coût du $CO_2$ ou capacités de stockage) – voir au chapitre VIII.
2. On trouvera plus de commentaires sur www.hprevot.fr.

lorsque les besoins de chaleur sont très faibles, le coût de la pompe à chaleur, rapporté à la quantité d'énergie qu'elle permet d'éviter, devient démesuré. Par ailleurs, l'électricité consommée par les chauffe-eau est nucléaire. Remplacer les résistances électriques par une pompe à chaleur coûte cher et ne diminue aucunement les émissions de $CO_2$ ni les importations de gaz.

Dans les logements existants, le chauffage hybride électricité et fioul ou électricité et gaz est une autre façon peu coûteuse d'utiliser une électricité nucléaire pour se chauffer. Dans les logements existants équipés d'un chauffage central au gaz ou au fioul, il suffirait d'introduire dans le circuit d'eau, en amont de la chaudière, une résistance électrique de 3 ou 5 kW pouvant être mise hors tension pendant les périodes de pointe de consommation d'électricité. Le brûleur de la chaudière est allumé automatiquement pour maintenir la température au bon niveau. Cette électricité « effaçable »[1] pendant quelques minutes ou pendant plusieurs semaines et sans préavis pourrait être vendue à bas prix puisque le fournisseur, pendant les périodes où il ne livre pas son client, pourrait la vendre sur le marché plus cher et même, par moments, très cher.

Combiner l'utilisation d'électricité, de fioul et de gaz permet d'éviter facilement les problèmes de pointe de consommation d'électricité en les transformant en une question de pointe de consommation d'*énergie* et en y répondant avec des énergies qui se stockent facilement. Dans les bâtiments anciens, ce sera parfois la façon la moins coûteuse de diminuer la consommation de gaz ou de fioul.

Ce chauffage mixte est un gage de sécurité d'approvisionnement non seulement en période de pointe de consommation

1. On dit qu'une électricité est « effaçable » si sa livraison peut être suspendue à l'initiative du fournisseur. En réalité, c'est *le client*, non l'électricité, qui est « effacé »…

mais aussi dans le cas où la production d'électricité viendrait à manquer : l'électricité serait alors réservée en priorité à ceux qui ne peuvent pas s'en passer. Si ce chauffage hybride se diffusait sur seulement un quart des 15 millions de logements chauffés aujourd'hui au fioul ou au gaz, la capacité de production d'électricité pourrait chuter de plus de 10 à 20 GW – la capacité de 6 à 12 EPR ! – sans aucunement gêner les consommateurs, et cela sans compter les possibilités d'effacement du secteur tertiaire.

La capacité nucléaire disponible en saison chaude pourrait être utilisée pour produire de la chaleur qui serait stockée pour l'hiver dans le sol, comme je l'ai dit plus haut, ou encore dans de grandes réserves d'eau.

Les milieux soucieux d'économie d'énergie, préoccupés par l'effet de serre, promoteurs d'électricité éolienne et peu favorables à l'électricité nucléaire ont coutume de vilipender l'utilisation du fioul et celle des résistances électriques et de dénoncer l'utilisation de l'électricité pour se chauffer, responsable selon eux d'importantes émissions de $CO_2$. Constatons au contraire que l'alliance du fioul (ou du gaz) et de la résistance électrique est une façon peu coûteuse de diminuer les émissions de $CO_2$, d'éviter les pointes de consommation d'électricité et de s'adapter à l'intermittence de la production éolienne.

## Nucléaire et activité industrielle

En France, le prix de l'électricité livré à l'industrie est inférieur à ce qu'il est dans d'autres pays de l'Union européenne ou hors de l'Union européenne. C'est un des rares avantages compétitifs dont dispose notre pays dans la concurrence internationale.

On aurait tort de penser que l'industrie peut supporter sans conséquence une forte augmentation du prix de l'électricité : l'Allemagne a pris grand soin de ne pas faire payer par son industrie la hausse du prix de l'électricité rendue nécessaire par sa décision de fermer ses centrales nucléaires.

***

Il est possible de dresser de multiples tableaux équilibrant ressources et emplois de l'énergie en fonction par exemple de la capacité nucléaire et des émissions de $CO_2$. Le chapitre suivant en propose trois qui diffèrent par la capacité des centrales nucléaires.

CHAPITRE X

# Moins de nucléaire ? Plus de dépenses, moins d'emplois utiles

*Si la France décidait de diviser volontairement par trois ses émissions de $CO_2$ et de renforcer ainsi son autonomie énergétique, il lui serait possible de limiter les dépenses en augmentant la capacité nucléaire. Cela nous coûterait tout de même 20 à 30 milliards d'euros par an de plus que si cette décision n'avait pas été prise.*

*Il nous serait possible d'atteindre le même but en dépensant beaucoup plus. Il suffit de décider de ne pas augmenter la capacité nucléaire ou même de la diminuer. Le surcroît de dépenses serait de 12 milliards d'euros par an si l'on décidait de la stabiliser, de 35 milliards d'euros par an si l'on décidait de la diminuer d'un tiers pour que la moitié seulement de la consommation d'électricité soit d'origine nucléaire. Ce surcroît de dépenses ne dépend pas des prix du gaz et du pétrole. Ce serait le coût de la décision de stabiliser la capacité nucléaire ou de la diminuer.*

*Loin d'être créatrices d'emplois, ces dépenses détruisent pour rien des emplois qui seraient utiles.*

## Divisons nos émissions par trois ; ce ne sera déjà pas si mal !

Les émissions françaises de $CO_2$ dues à l'énergie sont voisines de 6 $tCO_2$/p/an (tonnes de $CO_2$ par personne et par an), 30 % de moins que la moyenne européenne, trois fois moins qu'aux États-Unis. Il est convenu au niveau mondial de diviser les émissions des pays développés par quatre ou cinq en quarante ans[1]. Pour la France, il suffirait que les émissions, par personne et par an, passent de 6 à 2 $tCO_2$. Une division par trois.

## Avec plus ou moins de nucléaire

Nous cherchons ici à savoir ce que cela coûterait de se priver d'électricité nucléaire.

Lorsque l'on parle de « coût », il est facile de s'y perdre. Comme un coût est une différence, il serait bon de s'interdire de parler d'un coût sans expliciter les termes de la différence. Cela éviterait bien des malentendus.

Pour diviser les émissions françaises de $CO_2$ par trois, nous disposons de plusieurs moyens : consommer moins d'énergie, produire plus d'énergie renouvelable et produire plus d'énergie nucléaire.

Je me suis demandé quelle devrait être la capacité nucléaire pour minimiser les dépenses de production, de consommation et d'économie d'énergie. À mon avis, elle serait de 94 GW au lieu de 63 GW aujourd'hui. Appelons « coût de moins de $CO_2$ » ce qu'il faut dépenser *en plus* pour diviser les émissions par trois *en prenant les décisions les moins coûteuses*, c'est-à-dire en augmentant la capacité nucléaire pour la porter à 94 GW.

Puis, en continuant de supposer que les émissions de $CO_2$ sont divisées par trois, j'ai fait deux hypothèses : ou bien la capacité nucléaire sera stabilisée au niveau qu'elle atteindra

1. Voir chapitre VI.

après le démarrage de l'EPR de Flamanville, soit 65 GW ; ou bien elle sera réduite à 40 GW de façon que la moitié seulement de l'électricité consommée soit d'origine nucléaire.

Si la capacité nucléaire était stabilisée, pour atteindre l'objectif d'émissions de $CO_2$ nous devrions prendre des décisions qui, au total, nous amèneraient à dépenser davantage que si la capacité nucléaire augmentait. La différence serait due, non pas à la décision de diviser les émissions de $CO_2$ par trois, mais à la décision de ne pas augmenter la capacité nucléaire. La différence est donc le coût de la stabilisation de la capacité nucléaire. De la même façon, la décision de diminuer la capacité nucléaire obligerait à prendre des décisions qui amèneraient à dépenser davantage que s'il était décidé de l'augmenter. La différence est le coût de la diminution de la capacité nucléaire. Dans l'un et l'autre cas, c'est un coût qui naît de la décision de produire moins de nucléaire que si l'on cherchait à minimiser les dépenses.

Pour diviser par trois les émissions de $CO_2$, le coût de la stabilisation ou de la diminution de la capacité nucléaire s'ajoute au coût de « moins de $CO_2$ ».

Le coût de « moins de $CO_2$ » dépend des prix du pétrole, du gaz et du charbon. En effet, si ceux-ci étaient très élevés, la consommation diminuerait au point que les émissions de $CO_2$ seraient divisées par trois sans qu'il soit nécessaire de prendre la décision qu'il en soit ainsi : le coût de « moins de $CO_2$ » serait nul. Avec un pétrole à 100 $/bl (le baril), le coût de moins de $CO_2$ est de 20 milliards d'euros par an[1].

Que la capacité nucléaire soit de 94 GW, 65 GW ou 40 GW, les émissions de $CO_2$ étant les mêmes, les consommations d'énergie fossile sont à peu près les mêmes[2]. En

1. La consommation de pétrole et de gaz ne pourrait évidemment pas diminuer brutalement. Il faudra le temps de modifier les structures de production et de consommation d'énergie.

2. Il peut y avoir une différence due au fait que le gaz émet moins de $CO_2$ que les produits pétroliers.

conséquence, le coût de la stabilisation ou de la diminution de la capacité nucléaire ne dépend pas du prix de l'énergie fossile. Il dépend seulement d'une décision nationale, de notre décision.

Pour calculer ces coûts, il n'aurait pas suffi de dresser des tableaux de production et de consommation d'électricité, car la décision de ne pas augmenter ou de diminuer la capacité nucléaire se ferait sentir dans tous les secteurs. Pour vérifier la cohérence des hypothèses, il faut des tableaux de ressources et d'emplois *d'énergie*.

J'ai supposé que l'industrie continuerait de consommer la même quantité d'énergie qu'aujourd'hui : il ne serait pas cohérent de prévoir une diminution de sa consommation d'énergie et de déplorer la désindustrialisation de la France. Ces tableaux nous donnent alors une idée de la consommation d'énergie dans les secteurs du transport et du bâtiment[1].

Tout cela est assez rustique. Mais cette méthode permet de montrer les hypothèses et de mesurer simplement l'effet de ces hypothèses sur les résultats.

### *Hypothèses communes aux scénarios*

Dans les trois scénarios, les possibilités de production de biomasse sont pleinement sollicitées sans empiéter sur les besoins de l'alimentation et sans nuire aux conditions environnementales. L'efficacité énergétique des véhicules s'améliore de 30 %. La consommation d'électricité dans les transports en commun double. La population augmente aujourd'hui de 0,55 % par an. Les scénarios supposent qu'elle augmentera de 11 % en trente ans.

1. On verra plus d'indications en annexe. Les tableaux commentés ci-après sont publiés sur www.hprevot.fr.

*Hypothèses sur la production d'électricité*

Si la capacité nucléaire peut augmenter, il n'y a nul besoin de production éolienne ou photovoltaïque. La seule justification d'une capacité de production de 13 GW est de permettre aux entreprises françaises de démontrer leur savoir-faire pour être présentes sur le marché mondial.

Au contraire, stabiliser la capacité nucléaire ou, *a fortiori*, la réduire obligerait à produire beaucoup d'électricité éolienne ou solaire. Selon RTE (réseau de transport d'électricité), si la capacité nucléaire était réduite à 40 GW la stabilité du réseau électrique serait problématique.

*Hypothèses sur la consommation d'énergie pour la chaleur dans les bâtiments*

Sans se préoccuper des émissions de $CO_2$, la consommation d'énergie augmenterait tendanciellement d'un peu moins de 1 % par an. Si la capacité nucléaire passait à 94 GW, pour diviser les émissions de $CO_2$ par trois, la consommation d'énergie devrait être inférieure de 37 % à cette consommation tendancielle. Le prix à la consommation finale du fioul serait 1 400 € TTC par $m^3$, 140 € TTC par MWh.

Si la capacité nucléaire était stabilisée, la consommation d'énergie serait inférieure de 53 TWh/an. Les économies d'énergie seraient alors de 43 % de la consommation tendancielle. Si la capacité nucléaire diminuait, la consommation serait encore inférieure de 80 TWh/an. Les économies d'énergie seraient alors de 53 % de la consommation tendancielle. On devine que ce serait de plus en plus cher.

*Hypothèses sur la consommation d'énergie dans les transports*

La consommation d'énergie dans les transports dépend de la mobilité – c'est-à-dire des distances parcourues par personne –, des modes de transport, de leur efficacité énergétique et de l'énergie consommée (électricité, carburant pétrolier, biocarburant ou autre).

Si la capacité nucléaire augmente, il sera possible de conserver la même mobilité sur route et en avion. En revanche, si la capacité nucléaire est stabilisée ou diminue, j'ai été obligé de supposer que la mobilité sur route et en avion diminue beaucoup. Sinon il aurait fallu prévoir une diminution de consommation dans le bâtiment complètement irréaliste.

Si la capacité nucléaire était stabilisée, la mobilité sur route et en avion diminuerait de 16 % ; elle diminuerait de 33 % si la capacité nucléaire était réduite. Il est probable que le transport de marchandises diminuerait moins que cela, ce qui veut dire que le transport de personnes sur route et en avion devrait diminuer encore plus. Même si les transports par train ou à vélo augmentaient beaucoup, la mobilité, tous moyens de transport confondus, diminuerait sévèrement.

Il est possible de faire bien d'autres hypothèses pour diviser les émissions de $CO_2$ par trois. La feuille de calcul publiée sur www.hprevot.fr permet à chacun de dresser des tableaux à partir de ses propres hypothèses. Elle accepte toutes les hypothèses et se borne à vérifier l'équilibre des ressources et des emplois d'énergie.

## Le coût de ces scénarios avec plus ou moins de nucléaire

Si la capacité nucléaire était stabilisée ou diminuée, il faudrait produire plus d'électricité éolienne ou photovoltaïque que si elle augmentait, dépenser davantage pour économiser l'énergie du bâtiment et payer plus cher l'énergie consommée par les véhicules.

### *Remplacer du nucléaire par des éoliennes et du photovoltaïque*

J'ai montré plus haut pourquoi, par comparaison à l'électricité nucléaire, j'évalue le surcoût d'une électricité renouvelable, éolienne et photovoltaïque, en moyenne à 110 €/MWh, en tenant compte du coût de production, du coût du transport et du coût de l'intermittence.

Selon ces scénarios, pour stabiliser la capacité nucléaire au lieu de l'augmenter il faudrait produire 61 TWh de plus d'électricité éolienne ou solaire. Les dépenses seraient supérieures de 7 milliards d'euros par an.

Pour diminuer la capacité nucléaire, il faudrait produire 130 TWh d'électricité éolienne ou solaire de plus que si elle avait augmenté, ce qui accroîtrait les dépenses de 14 milliards d'euros par an.

### *Le chauffage des bâtiments*

Que le lecteur me pardonne les chiffres et les calculs des alinéas suivants. On nous parle trop souvent d'objectifs généraux sans dire quelles dépenses il faudrait faire pour les atteindre. Ainsi, le Grenelle de l'environnement a fixé comme cible des économies d'énergie de 38 % de 2005 à 2020, mais on ne sait rien ni du montant de travaux ni de la façon de les financer. J'ai donc voulu mettre en relation les objectifs globaux de consommation et d'économie d'énergie et ce que cela coûte, concrètement, pour un logement[1].

Si la capacité nucléaire augmente, il sera possible de diviser par trois les émissions françaises de $CO_2$ à condition qu'un appartement de 100 $m^2$ consomme en moyenne 11,4 MWh/an pour le chauffage. Je suppose que l'on y parviendra en faisant tout ce qui est économiquement intéressant dans l'hypothèse où le prix du MWh est 140 € TTC, soit 115 € HT.

Partant de cette situation, sans changer les émissions de $CO_2$, supposons que la capacité nucléaire, au lieu d'être de 94 GW, soit de 65 GW. Pour un logement de 100 $m^2$, la consommation moyenne des logements existant aujourd'hui passerait à 9,7 MWh/an. Combien faudrait-il dépenser pour cela ? C'est une question critique à laquelle il est difficile de répondre tellement les situations sont différentes. Supposons qu'il faille dépenser 4 200 € HT[2].

Si la capacité nucléaire diminuait, il faudrait que la consommation d'énergie pour le chauffage du même logement de 100 $m^2$ soit en moyenne de 7,2 MWh. Il faudrait une isolation par l'extérieur, une ventilation double flux ou d'autres investissements coûteux. Supposons que ces investissements coûtent 11 200 € HT[3].

1. On trouvera en annexe un tableau qui montre comment sont calculées ces dépenses supplémentaires et sur www.hprevot.fr une feuille de calcul qui compare les dépenses par logement selon le prix de l'énergie, le degré d'isolation thermique et le mode de chauffage.

2. Cela correspond à un investissement de 2,5 € pour économiser une consommation de 1 kWh/an.

3. Cela correspond à un investissement de 4,5 € pour économiser 1 kWh/an.

Pour calculer ce que cela coûterait au plan national pour l'ensemble des bâtiments existant aujourd'hui, je suppose que l'investissement serait financé par un emprunt à 4 % (hors inflation) remboursable en vingt-cinq ans par annuités constantes et j'ajoute cette annuité à la facture d'énergie comptée à 115 € HT/MWh.

Si la capacité nucléaire était stabilisée, cela coûterait 2,4 milliards d'euros par an de plus que si elle augmentait. Si elle était diminuée, les dépenses seraient de 16 milliards d'euros par an de plus que si elle augmentait.

Si le taux d'intérêt est de 6 % au lieu de 4 %, les dépenses supplémentaires, en tenant compte de la baisse de la facture de gaz ou de fioul, seraient de 4,3 milliards d'euros par an si la capacité nucléaire était stabilisée, de 23 milliards d'euros par an si elle était diminuée[1].

C'est cher. C'est très cher. Cette très forte hausse de dépenses dans l'hypothèse d'une diminution de la capacité nucléaire s'explique. L'amélioration de l'efficacité thermique devient d'un coût démesuré lorsque la consommation d'énergie est déjà faible.

Lorsque l'amélioration de l'efficacité énergétique est obtenue par des travaux qu'il fallait faire de toute façon pour maintenir le bâtiment en bon état, on ne compte comme dépenses d'économie d'énergie que celles qui sont faites *en plus* pour répondre à un objectif d'économie d'énergie. Tel est le cas quand il s'agit de remplacer des fenêtres abîmées ou une chaudière en fin de vie par exemple. Mais pour passer à une consommation de 10 ou 7 MWh/an, il faut en général des investissements qui ne se justifient que par la volonté ou l'obligation de beaucoup diminuer la consommation d'énergie.

Les partisans d'une isolation thermique « coûte que coûte » ont coutume de rapporter le montant total de l'investissement

1. Voir un tableau de calcul en annexe.

à l'économie d'énergie sans dire que les dépenses deviennent très lourdes lorsque la consommation d'énergie est faible. Cette confusion systématique d'un « coût moyen » et d'un « coût marginal » est une forme de désinformation.

Il existe des exemples de réhabilitation thermique moins coûteuse que ce que j'ai indiqué ici. Il n'est pas sûr qu'ils soient généralisables. Il est à craindre plutôt que la réhabilitation thermique soit souvent plus coûteuse que cela.

### *Le transport*

Le transport de personnes et de marchandises irrigue l'économie et la vie sociale. Les effets des entraves qui le freinent ou le rendent plus coûteux se feront sentir de façons très diverses. Des modèles macroéconomiques s'emploient à les évaluer. Ils ont du mal à simuler ce que serait le changement de comportement des consommateurs. Néanmoins, pour avoir une idée de ce coût, voici une approche simplifiée.

Comme pour le logement, supposons d'abord que les émissions françaises de $CO_2$ sont divisées par trois avec une augmentation de la capacité nucléaire. Pour conserver la même mobilité (c'est-à-dire le nombre de kilomètres parcourus) sur route et en avion sans augmenter la capacité nucléaire, il faudrait remplacer par de l'électricité éolienne ou photovoltaïque une partie de l'électricité nucléaire qui alimente les véhicules ou qui permet de produire du biocarburant. Il faudrait ainsi produire l'équivalent de 6 Mtep de carburant liquide. Cela augmenterait les dépenses de 5 milliards d'euros par an au moins[1]. Si la capacité nucléaire était diminuée au lieu d'être augmentée, pour conserver la même mobilité il faudrait dépenser encore 5 milliards d'euros de plus par an.

1. Voir une fiche de calcul en annexe.

En réalité, si l'énergie consommée par les transports devient très chère, les consommateurs trouveront comment faire pour s'en passer. Mais ils dépenseront plus que si l'énergie était moins chère.

En comparant avec ce qui se passerait si la capacité nucléaire passait à 94 GW, la contrainte sur la capacité nucléaire se traduirait par un coût de 2,5 milliards d'euros par an si la capacité nucléaire n'était pas augmentée, 5 milliards d'euros par an si la capacité nucléaire était réduite à 40 GW.

*Au total*

– **Le coût de « moins de $CO_2$ »** : pour diviser les émissions de $CO_2$ par trois en portant la capacité nucléaire à 94 GW, si le pétrole est à 100 $/bl, il faut un supplément de dépense de **20 milliards d'euros par an** ; ce supplément de dépenses dépend du prix du pétrole et du gaz ; il s'annulerait si les prix du pétrole et du gaz étaient très élevés.

– **Le coût de la décision de ne pas augmenter la capacité nucléaire** : pour diviser les émissions de $CO_2$ par trois sans augmenter la capacité nucléaire (65 GW), il faudrait en plus un supplément de dépenses de **12 milliards d'euros par an** ; ce supplément ne dépend pas des prix du pétrole et du gaz.

– **Le coût de la décision de diminuer la capacité nucléaire :** pour diviser les émissions de $CO_2$ par trois en diminuant la capacité nucléaire d'un tiers (40 GW), il faudrait dépenser **35 milliards d'euros par an** de plus que si la capacité nucléaire avait été augmentée ; ce supplément ne dépend pas des prix du pétrole et du gaz.

*Le coût de la décision de ne pas augmenter ou de diminuer la capacité nucléaire s'ajoute au coût de « moins de $CO_2$ ».*

**L'hypothèse « zéro nucléaire »**
Un scénario de ressources et d'emplois d'énergie qui divise par trois les émissions françaises de $CO_2$ sans consommer d'électricité nucléaire suppose nécessairement une très forte diminution de la consommation d'énergie. Pour ce qui est du secteur résidentiel et tertiaire, il faudrait gagner, au-delà des hypothèses du scénario « 40 GW », 100 TWh/an. Ces économies coûteraient très cher en investissement, probablement 8 € pour gagner 1 kWh/an, soit 800 G€ (milliards d'euros), ce qui représente un coût annuel de 48 G€ (à 4 % sur vingt-cinq ans). Déduction faite de 12 G€ d'économies d'énergie, l'augmentation de dépenses, par rapport au scénario « 40 GW », serait donc de 36 G€ ; par rapport au scénario le moins coûteux, elle serait de 74 G€/an. Les distances parcourues sur route et en avion devraient être la moitié de ce qu'elles sont aujourd'hui, ce qui laisserait vraiment très peu de place aux déplacements librement choisis. Quant à l'industrie, les scénarios publiés sans nucléaire font l'hypothèse que sa consommation d'énergie serait divisée par deux. Cela voudrait-il dire que la désindustrialisation du pays doit se poursuivre ? Pour évaluer le coût d'un tel scénario, il faut ajouter celui de la production d'électricité éolienne et photovoltaïque (290 TWh/an en tout) sans oublier les capacités de stockage qui seront nécessaires pour pouvoir répondre à tout moment à la demande d'électricité. L'hypothèse « zéro nucléaire » est intéressante tant qu'elle reste un exercice intellectuel.

On nous dit que ces dépenses financeront la création d'emplois, les « emplois verts » ; qu'en est-il au juste ?

### Des créations ou des destructions d'emplois ?

Supposons qu'un parc d'éoliennes en mer et sur terre produise une électricité deux fois plus chère que l'électricité nucléaire. L'essentiel du coût est fait de main-d'œuvre. Disons donc, pour simplifier, que la production d'une même quantité d'électricité demande deux fois plus de travail avec ces éoliennes qu'avec de l'énergie nucléaire.

Si la production d'une certaine quantité d'électricité nucléaire procure de l'emploi à 1000 personnes, la même production d'électricité par des éoliennes en procurera à 2000 personnes. Il est incontestable que les éoliennes créent de l'emploi. 2000 emplois en l'occurrence. En déduisant les 1000 emplois supprimés dans le nucléaire, on compte que les éoliennes auront créé 1000 emplois – 1000 emplois « nets ». Plus les énergies renouvelables sont coûteuses, plus elles créent d'emplois nets.

Le photovoltaïque est le champion. Mais on n'ose pas trop en parler car ces emplois sont pour la plus grande partie localisés... à l'étranger. Remplacer 1000 emplois en France par, non pas 2000, mais 4000 dont une bonne partie à l'étranger, personne aujourd'hui ne s'en flatte et l'on n'entend plus grand monde pour prendre la défense de cette politique.

Si les énergies renouvelables créent des emplois en France, pourquoi ne pas les développer au maximum ?

Lorsque le consommateur et le contribuable auront payé cette électricité éolienne deux fois plus cher que la même quantité d'électricité nucléaire, il leur restera moins d'argent pour payer autre chose. En conséquence, faute de demande, des emplois vont disparaître hors du secteur de l'énergie. Des emplois auront été créés pour produire de l'électricité sans pour autant produire *plus* d'électricité qu'avec du nucléaire, et d'autres emplois, éventuellement très utiles, auront été détruits. Combien ? C'est là que les choses deviennent encore plus surprenantes.

Supposons que le gouvernement présente aux Français cette alternative : « ou bien nous construisons un EPR, ou bien nous construisons 1200 éoliennes en mer qui produiront de l'électricité deux ou trois fois plus cher. Si la production est faite à partir d'éoliennes, pour les financer, il faudra encore augmenter la CSPE (contribution au service public de l'électricité) qui entre dans le prix de l'électricité : vous paierez votre électricité plus cher. Ou bien nous construisons un EPR ; vous dépenserez la même chose mais la CSPE sera remplacée par un impôt qui permettra de financer 10 000 emplois d'enseignants, de policiers, de chercheurs, d'assistants sociaux et d'éducateurs ».

L'État pourrait aussi décider la construction de cet EPR sans augmenter la CSPE ni les impôts. Il laisserait les consommateurs libres de l'emploi de l'argent qu'ils auraient dû dépenser si le nucléaire avait été remplacé par des éoliennes. Les 10 000 emplois seront ainsi créés pour répondre à la demande des consommateurs. Ce sera en France si notre industrie est suffisamment compétitive.

C'est ainsi que se présente la relation entre énergies renouvelables et nucléaire : un réacteur nucléaire remplacé par des énergies renouvelables, sans produire aucun MWh d'électricité en plus, c'est 10 000 emplois en moins dans d'autres secteurs que l'énergie.

Si encore ces 10 000 emplois servaient à diminuer les importations d'énergie fossile, il serait possible de considérer qu'ils sont financés au moins partiellement par une diminution de nos importations. Certes, mais en oubliant que l'argent que nous dépensons en important du pétrole peut financer des emplois en France, car il donne aux pays exportateurs les moyens de nous acheter ou de nous louer des Airbus, des parfums ou des collections de tableaux du Louvre. Il n'est pas facile de savoir combien d'emplois sont créés par les travaux qui nous servent à diminuer nos importations de pétrole ou de gaz. Mais, dans le cas qui nous occupe, cette question ne se pose pas car ces éoliennes et ces panneaux photovoltaïques, remplaçant du nucléaire, ne diminuent nullement nos importations. Ce serait même plutôt le contraire !

Produire la même quantité d'électricité par des moyens deux fois plus coûteux, cela rappelle furieusement les Ateliers nationaux qui ont montré pendant leur brève histoire de quelques mois en 1848 dans quelle impasse pouvaient s'égarer les bons sentiments. Il fallait coûte que coûte donner du travail à ceux qui n'en avaient pas. Pour les uns c'était une question de dignité. Pour d'autres, plus pragmatiquement, il s'agissait d'exercer un contrôle social sur une population que la pauvreté et l'oisiveté risquaient de transformer en une masse de manœuvre à la disposition de quelque fomenteur de trouble. L'expérience n'a pas duré longtemps pour la double raison qu'elle s'est avérée ruineuse et que les employés (si l'on peut utiliser ce terme), se rendant compte de leur inutilité, se sentaient de plus en plus mal à l'aise.

Il nous faudra dépenser pour mieux isoler les bâtiments existants. Mais, au-delà d'un certain coût, dépenser sans compter et prétendre ainsi créer des emplois reviendrait à tomber dans le même travers.

Il est heureux que la France veuille diviser par 3 ou 4 sa consommation d'énergie fossile pour s'inscrire dans la lutte contre l'effet de serre et, en même temps, renforcer son autonomie énergétique. En augmentant la capacité de production nucléaire, il lui est probablement possible d'atteindre cet objectif en prenant les décisions qui ne coûtent pas plus de 120 € HT par MWh économisé. S'il faut faire sur les bâtiments existants des investissements qui coûtent – par exemple – 210 € par MWh économisé, à quoi servent les 90 € dépensés en plus de ce qui serait suffisant ? Ils créent de l'emploi, certainement. Mais n'aurait-il pas été préférable de dépenser 120 € pour financer une autre action qui aurait permis d'éviter de consommer 1 MWh de fioul ou de gaz et consacrer 90 € à autre chose que l'économie d'énergie ?

Toute dépense plus coûteuse que ce qui serait suffisant pour atteindre l'objectif de diminution de la consommation d'énergie fossile est, au regard de cet objectif, inutilement coûteuse. Elle ne peut être justifiée que par d'autres motifs.

Il en est ainsi en particulier de ces dépenses qui tendent à faire des bâtiments non plus des consommateurs d'énergie mais des producteurs – et cela à n'importe quel coût ! Quel est donc l'objectif recherché ? L'exploit technique, une bonne publicité pour nos entreprises et nos centres de recherche ? Pourquoi pas ? Après tout, ce n'est pas pour des motifs économiques que l'homme est allé sur la Lune. Mais que l'on ne cache pas ces motifs sous le noble manteau de la lutte contre l'effet de serre ou l'autonomie énergétique !

Libre à chacun de prendre ses décisions et de se construire une maison « passive » (sans consommation d'énergie) ou « à énergie positive », mais, de grâce ! Que l'État ne le rende pas obligatoire et qu'il n'oblige pas tous les Français à le financer ! La politique est l'art d'atteindre des objectifs d'intérêt général en portant atteinte aussi peu que possible à la liberté individuelle, donc en recherchant les moyens de les atteindre les moins coûteux.

Chapitre XI

# Le nucléaire et la politique de l'État

*Les objectifs de la politique de l'énergie sont de renforcer l'autonomie énergétique et de diminuer les émissions de $CO_2$. Pour distinguer les actions efficaces des actions trop coûteuses, il faut un critère de coût. Celui-ci dépendra de la capacité nucléaire.*

*En refusant de considérer que l'électricité nucléaire n'émet pas de $CO_2$, la réglementation thermique des bâtiments va à l'encontre des objectifs de la politique de l'énergie et n'est pas conforme à la loi. Elle oblige à des dépenses inutilement coûteuses. Elle interdit l'utilisation conjointe de fioul (ou de gaz) et d'électricité, qui est une façon peu coûteuse d'éviter les pointes de consommation d'électricité.*

*Un impôt sur le fioul, le gaz et le carburant devrait être calculé dans une perspective à long terme pour élever progressivement le prix à la consommation finale indépendamment du prix mondial du pétrole et du gaz. Une dotation de solidarité serait versée aux ménages dont les revenus sont faibles. Le montant de l'impôt dépendra de la capacité nucléaire ; il en sera de même du prix du $CO_2$ sur un marché de permis d'émettre.*

*L'ouverture de l'électricité au marché et à la concurrence a pour effet d'en augmenter les coûts et les prix au bénéfice des oligopoles. Pour une électricité sûre et bon marché, un organe central public devrait s'interposer entre la production d'électricité et la consommation.*

*Dans l'Union européenne coexisteront plusieurs marchés d'électricité et d'énergie en fonction de la capacité nucléaire.*

*Le rêve d'un réseau d'électricité interactif où les consommateurs seraient aussi producteurs et stockeurs d'électricité stimule l'inventivité, l'intelligence, les débats et les appétits. C'est un coûteux miroir aux alouettes.*

## Distinguer ce qui est efficace et ce qui est trop coûteux

Aujourd'hui, la politique de l'État manque terriblement d'un critère qui permette de faire la différence entre les actions efficaces et les actions trop coûteuses.

Les scénarios présentés au chapitre précédent montrent comment diviser les émissions de $CO_2$ par trois avec des économies d'énergie, une production de biocarburant, des véhicules hybrides ou électriques, des pompes à chaleur, des réseaux de chaleur alimentés par de la biomasse ou de la géothermie, un chauffage hybride fioul (ou gaz) et électricité effaçable, etc.

Si la capacité nucléaire est suffisante, toutes ces actions deviennent économiquement intéressantes quand les prix à la consommation finale du fioul, du gaz et du gazole sont à un certain niveau – probablement 1 400 € TTC/$m^3$ de fioul, 140 €/MWh de gaz et 1,8 €/l de gazole.

S'il est possible ainsi de diviser par trois les émissions de $CO_2$, pourquoi faudrait-il prendre des décisions plus coûteuses ?

Si la capacité nucléaire n'augmente pas, *a fortiori* si elle diminue, pour diviser les émissions de $CO_2$ par trois, il faudra prendre des décisions qui coûteront plus cher ; c'est-à-dire des décisions qui ne seraient intéressantes qu'avec un fioul à 2 000 €/$m^3$, un gaz à 200 €/MWh et un gazole à 2,4 €/l ou plus.

## La réglementation thermique – ne pas se tromper d'objectif !

L'objectif de la politique nationale est de diminuer les importations d'énergie et d'émettre moins de $CO_2$. Il est donc d'économiser l'énergie *fossile*, le pétrole, le gaz ou le charbon. Tout le monde s'accorde à dire qu'il faut économiser l'énergie, mais c'est là un *moyen*, non pas le but. Ce serait une grosse erreur d'en faire un objectif lorsqu'il est possible de diminuer la consommation d'énergie fossile en *augmentant* la consommation d'énergie. Ce serait également une erreur de vouloir diminuer la consommation d'énergie à n'importe quel coût.

Ces erreurs, la nouvelle réglementation thermique sur les bâtiments neufs les a commises.

### *La réglementation applicable aux bâtiments neufs est la cause de dépenses inutilement élevées*

La réglementation fixe une limite de consommation d'énergie *primaire*. Celle-ci est l'énergie qu'il a fallu consommer pour produire l'énergie qui est achetée par le consommateur, qu'on appelle énergie *finale*. Pour le gaz et le fioul, par convention, il n'y a pas de différence entre l'une et l'autre. En revanche, pour produire 1 MWh d'électricité, la réglementation dit qu'il faut 2,58 MWh d'énergie primaire.

La limite de consommation est si basse[1] qu'on ne peut utiliser l'électricité qu'avec des pompes à chaleur. Pourtant

1. La limite de consommation d'énergie primaire d'un logement de 100 m² pour le chauffage, l'eau chaude, l'éclairage et l'aération est de 5 MWh/an.

les chauffe-eau n'utilisent que de l'électricité nucléaire et le chauffage électrique, contrairement à ce que l'on nous dit trop souvent, consomme moins d'électricité produite à partir de gaz ou de charbon que d'électricité produite à partir d'énergie hydraulique ou nucléaire.

**Les émissions de $CO_2$ par le chauffage électrique**

Dans les périodes où la demande d'électricité dépasse la capacité de production hydraulique et nucléaire, s'il apparaît un nouvel utilisateur de chauffage électrique, toute l'électricité qu'il consommera sera produite à partir de charbon ou de gaz. Faut-il en conclure que *toute* l'électricité utilisée pour le chauffage émet du $CO_2$ ? Les textes officiels répondent positivement. Or la réalité est très différente.

Pendant les quelques heures d'extrême pointe de consommation en janvier 2012, lorsque la puissance appelée a dépassé 100 GW, le nucléaire apportait 63 % de la puissance et l'hydraulique 13 % ; le fioul, le gaz et le charbon ensemble moins du quart. Au total sur l'année, plus de la moitié de l'électricité consommée pour le chauffage est produite à partir d'énergie hydraulique ou nucléaire car la production nucléaire est capable d'accompagner les variations saisonnières et quotidiennes de la demande d'électricité. De plus, l'électricité consommée par les chauffe-eau est à 90 % d'origine nucléaire ou hydraulique. Le plus grand avantage de l'électricité nucléaire est de ne pas émettre de $CO_2$. Considérer que *toute* la production d'électricité consommée sous forme de chaleur est émettrice de $CO_2$ manifeste un *a priori* contre le nucléaire.

Cette nouvelle réglementation thermique des bâtiments neufs rend donc impossible une solution bon marché qui n'émet pas ou guère de $CO_2$ (de simples résistances électriques) et oblige à dépenser beaucoup pour pouvoir utiliser de l'électricité, ce qui favorise le chauffage au gaz, qui émet du $CO_2$.

Quel objectif vise-t-elle donc ? Certes pas l'indépendance énergétique ni la réduction des émissions de $CO_2$ ni la préservation du pouvoir d'achat des ménages ! C'est d'autant plus troublant que cette réglementation n'est sans doute pas conforme à la loi. Celle-ci en effet dit que la façon de compter l'énergie primaire doit dépendre des émissions de $CO_2$. Or la réglementation ne fait aucune différence entre une électricité produite à partir de nucléaire, de gaz ou de charbon. Ceux qui s'opposent au nucléaire avaient perdu une âpre bataille au Parlement ; ils l'ont gagnée dans les couloirs de l'administration !

### *Ne refaisons pas sur les bâtiments existants la même erreur que sur les bâtiments neufs*

Après le Grenelle de l'environnement, la pression a été forte pour imposer le même genre de réglementation aux bâtiments existants. Heureusement, les députés ont été effrayés par ce qu'aurait coûté une telle mesure. Mais la pression est toujours là, insistante.

L'État dispose de plusieurs moyens pour réguler la consommation d'énergie des bâtiments : limiter la consommation d'énergie, limiter les émissions de $CO_2$ ou augmenter le prix du fioul, du gaz et de l'électricité produite à partir de gaz ou de charbon.

Si l'État limite la consommation d'énergie des bâtiments existants comme il le fait sur les bâtiments neufs (mais en autorisant une consommation deux ou trois fois plus importante), les solutions les moins coûteuses sont la pompe à chaleur et le chauffage au gaz. Celui-ci conduit à un certain niveau d'émissions de $CO_2$.

Si l'État limite les émissions de $CO_2$ sans limiter la quantité d'énergie, la solution au gaz est la plus coûteuse ! Elle coûte 600 à 1 000 € de plus par an que les pompes à chaleur, un réseau de chaleur à la biomasse ou à la géothermie ou encore un chauffage hybride fioul (ou gaz) et électricité effaçable[1]. Qui plus est, le chauffage hybride émet moins de $CO_2$ que le chauffage au gaz.

Pour diminuer la consommation de gaz ou de fioul, la méthode la plus efficace, selon les économistes, serait d'en augmenter le prix par un impôt. Si cette méthode était choisie, là aussi, le gaz arriverait bon dernier derrière le réseau de chaleur, la pompe à chaleur et le chauffage hybride.

La conclusion est assez impressionnante : si les recommandations du Grenelle de l'environnement étaient suivies, la réglementation, en limitant la consommation d'énergie (et non les émissions de $CO_2$), favoriserait le chauffage au gaz et obligerait à dépenser 600 à 1 000 € par logement et par an de plus qu'avec d'autres modes de chauffage qui émettent moins de $CO_2$.

Je ne veux pas asséner ce résultat en espérant être cru sur parole. Il dépend des hypothèses faites sur le coût de l'isolation thermique, le prix et l'efficacité des pompes à chaleur, le prix de l'énergie, etc. Le lecteur pourra voir le détail du calcul et introduire ses propres hypothèses en consultant une feuille de calcul publiée sur Internet[2].

## Le nucléaire et un impôt sur le $CO_2$

Pour que les émissions de $CO_2$ passent en dessous d'une limite fixée par l'État, sans attendre passivement une hausse du prix du pétrole et du gaz, plusieurs politiques sont possibles : réglementer la consommation de carburant, de fioul

1. Voir au chapitre IX.
2. www.hprevot.fr/Chauff-btmt-exist.html.

et de gaz, obliger à consommer une énergie renouvelable, ou créer un impôt sur l'utilisation de gaz, de fioul et de carburant pétrolier. De ces trois méthodes, la création d'un impôt n'est pas la plus mauvaise car les deux premières ne maîtrisent pas les dépenses qu'elles rendent obligatoires.

Proposer un impôt nouveau sur l'énergie en cette période de crise économique peut sembler assez délicat[1]. Pourtant, dans une perspective à long terme, il vaut mieux que nous diminuions notre consommation d'énergie fossile avant que les pays producteurs ne régulent eux-mêmes les émissions de $CO_2$ en retenant leurs ventes. Dans les premières années cet impôt pourrait être très faible et même nul.

Il devrait être calculé de façon à élever progressivement *le prix à la consommation finale* du fioul, du gaz et du charbon. Le produit de l'impôt serait réparti entre les contribuables sous forme d'une baisse (ou d'une moindre augmentation) des autres impôts. Les ménages qui ont peu de revenu recevraient une dotation de solidarité indépendante de leur consommation.

Cet impôt serait calculé en fonction du prix mondial du pétrole et du gaz. Si le prix du pétrole flambe, l'impôt ne sera pas « négatif » car les finances publiques ne le permettraient pas. L'État déterminerait donc, non pas le prix, mais un prix minimal, un prix plancher, et dirait que ce prix plancher augmenterait progressivement[2].

La valeur initiale du plancher peut être fixée plus bas que le prix observé aujourd'hui, de sorte que la valeur de l'impôt serait, pendant quelques années, nulle, sauf si le prix du pétrole baissait.

1. Sur le carburant, il existe quelque chose qui ressemble beaucoup à un impôt, fort élevé mais accepté car caché : c'est l'effet sur le prix du carburant de l'obligation d'incorporer du biocarburant.

2. Plus précisément le prix auquel les fournisseurs achèteraient eux-mêmes l'énergie, de façon à laisser jouer la concurrence entre eux.

Agissant ainsi, l'État protégerait les particuliers et les entreprises de l'incertitude sur l'évolution du prix mondial du pétrole et du gaz, ce qui inciterait tout le monde à prendre les décisions utiles en sachant à quel rythme le prix à la consommation finale s'élèverait.

Jusqu'où monterait cet impôt ? Jusqu'à ce que les émissions respectent la limite. Ce niveau de prix est directement lié à la capacité nucléaire. Si la capacité est stabilisée ou diminue, il faudra payer notre énergie beaucoup plus cher que si elle augmente.

## Le nucléaire et les marchés de $CO_2$

J'aborde ce sujet seulement pour montrer une convergence d'intérêt assez ironique entre ceux qui spéculent sur le $CO_2$ et ceux qui s'opposent au nucléaire.

Si plusieurs entreprises doivent respecter une limite d'émissions de $CO_2$ et si elles peuvent négocier entre elles des permis d'émettre, il se crée un « marché du $CO_2$ » d'où émerge un « prix du $CO_2$ ». Si les entreprises peuvent satisfaire leurs besoins d'énergie en achetant de l'électricité nucléaire en plus grande quantité, elles ont moins besoin de permis d'émettre du $CO_2$, ce qui fait baisser le prix du $CO_2$, et inversement.

De la sorte, si les perspectives de production d'électricité nucléaire faiblissent, le prix du $CO_2$ augmentera pour le plus grand bonheur de ceux qui ont spéculé sur cette hausse et des opérateurs de marché qui ont pu développer leur activité en faisant miroiter des promesses de hausse.

## La politique de l'électricité

### *Le soutien aux électricités renouvelables*

Pour soutenir la production d'électricité renouvelable, l'État oblige EDF à la racheter à un prix qu'il fixe, le prix de « reprise ». EDF fait payer aux consommateurs la différence entre ce prix de reprise et le prix de l'électricité sur le marché européen : en vingt ans, des dizaines de milliards d'euros en plus que ce qu'ils paieraient si cette électricité était d'origine nucléaire. C'est pourquoi EDF a raison de produire elle-même de l'électricité éolienne et photovoltaïque. Cela ne lui coûte rien, elle récupère une marge et elle se donne une image « verte ».

### *Un marché concurrentiel de l'électricité génère des superbénéfices*

Pour que l'offre réponde à la demande dans de bonnes conditions, l'État doit intervenir vigoureusement, particulièrement lorsque la production d'électricité est nucléaire. La théorie économique explique pourquoi et l'expérience pratique l'a confirmé.

---

**Pourquoi un marché concurrentiel de l'électricité ne peut pas être efficace**

D'une façon générale, la théorie démontre que si certaines conditions sont respectées la concurrence et le marché orientent efficacement les décisions des entreprises et des consommateurs. Il est rare que ces conditions soient pleinement respectées mais, globalement, le marché et la concurrence se sont montrés plus pertinents qu'une gestion centralisée. Pour s'assurer de la bonne marche d'un service d'intérêt général, les États ont institué des régimes spéciaux pour permettre et encadrer une concurrence effective. Il en est ainsi par exemple des télécommunications et du transport.

Le cas de l'électricité est particulièrement compliqué, car la réalité n'est pas seulement éloignée des conditions théoriques d'un marché parfait : *elle leur est complètement opposée*, en particulier lorsque la production d'électricité est d'origine nucléaire. Les investissements sont tellement colossaux qu'il ne peut y avoir qu'un petit nombre de producteurs ; ils durent plusieurs décennies de sorte que l'information sur leurs conditions de vie technique et économique est très incertaine[1]. Les enjeux de portée générale sont tellement importants que l'État peut modifier les règles de fonctionnement pendant la vie des centrales, ajoutant une incertitude sur la rentabilité de l'investissement. Non seulement le montant de l'investissement mais aussi la technicité requise pour produire de l'électricité nucléaire sont tels que les « barrières à l'entrée » sont bien difficiles à franchir.

Ajoutons que le pouvoir politique décide de soutenir certains modes de production d'électricité à l'encontre de toute rationalité économique.

Cela n'a pas découragé les tenants farouches de la concurrence de rechercher comment réguler un marché concurrentiel de l'électricité non seulement au niveau national mais au niveau européen. Ils ouvrent ainsi un vaste champ d'action aux multinationales du conseil en stratégie qui, dès qu'apparaît un dérapage ou un dysfonctionnement, proposent une nouvelle mesure spécifique, une nouvelle béquille pour tenter de remettre le marché sur une bonne voie.

---

La puissance électrique appelée par la consommation est presque toujours supérieure à un certain niveau, que l'on appelle « la base ». Dans un marché ouvert à la concurrence,

1. L'incertitude est très grande également s'agissant des moyens de production d'extrême pointe qui ne fonctionneront que quelques heures par an.

les producteurs qui disposent de centrales nucléaires ont grand intérêt à ce que la capacité nucléaire ne dépasse pas la puissance appelée en base : comme il faut à tout instant d'autres moyens pour produire de l'énergie, le prix de vente sera réglé sur des moyens plus coûteux[1]. Dans ces conditions, les producteurs d'énergie nucléaire font des superbénéfices consistants, bien au-delà de ce qu'il leur faut pour financer leurs investissements. Un des producteurs peut avoir l'idée d'augmenter sa capacité de production pour en prendre une part plus importante. Mais lorsque la capacité totale augmente, la marge diminue. Il arrive un moment où le producteur qui augmenterait sa capacité ferait diminuer la marge totale au point que, même en en prenant une plus grande part, il y perdrait. Aucun producteur n'a alors intérêt à augmenter sa capacité de production. Ils n'ont même pas besoin de s'entendre pour s'en rendre compte. C'est une des raisons pour lesquelles la concurrence ne peut pas conduire à l'optimum[2].

Ce sont évidemment les consommateurs qui paient ces superbénéfices. Ils ont donc intérêt à ce que la capacité nucléaire soit supérieure à la puissance appelée en base. Cela veut dire que, par moments, la demande sera inférieure à ce que les réacteurs pourraient produire. L'excédent sera exporté ou servira à de nouvelles utilisations de l'électricité.

L'électricité produite par un réacteur nucléaire qui fonctionne la moitié du temps coûte moins que celle qui est produite par une centrale au gaz fonctionnant la moitié du

1. Dans un marché concurrentiel, le prix est égal au coût de l'énergie de celui des moyens en fonctionnement dont le coût de l'énergie est le plus élevé.

2. Les choses se passent ainsi lorsque les producteurs sont peu nombreux (un oligopole) et que des « barrières à l'entrée » empêchent l'arrivée d'autres producteurs, ce qui est le cas de la production d'électricité nucléaire qui demande de gros moyens financiers et, surtout, une compétence industrielle et technique très spécifique.

temps à qui l'on ferait payer le coût des émissions de $CO_2$[1]. Affirmer, comme on l'entend souvent, qu'il n'est de bon nucléaire que celui qui tourne sans arrêt ou que son destin est d'alimenter seulement la base de consommation est donc un contresens entretenu par ceux qui s'opposent au nucléaire, inconscients que leurs discours agit contre l'intérêt des consommateurs et pour le plus grand profit des actionnaires des entreprises qui produisent de l'électricité nucléaire. Nous avions déjà vu une autre convergence d'intérêt insolite, entre les spéculateurs de marché $CO_2$ et les opposants au nucléaire[2]…

### *Politique nationale de l'électricité et politique européenne*

L'énergie touche à la fois à l'économie, à la cohésion nationale, à la sécurité publique. Il n'est donc pas surprenant de lire à son propos dans les traités sur l'Union européenne des dispositions pouvant paraître contradictoires. Il y est dit que la politique de l'Union promeut l'interconnexion des réseaux énergétiques et confirme « le droit d'un État membre de déterminer les conditions d'exploitations de ses ressources énergétiques, son choix entre différentes sources d'énergie et la structure générale de son approvisionnement énergétique[3] ».

La décision des Allemands de sortir du nucléaire en une dizaine d'années, prise sans aucune concertation avec les

1. Voir au chapitre VIII.

2. Sur ces étranges convergences et, de façon générale, sur la politique de l'électricité, on peut se référer à http://www.hprevot.fr/Polelectr.html.

3. Article 194 du TFUE, Traité sur le fonctionnement de l'Union européenne.

autres pays de l'Union européenne, est conforme au droit européen.

Comme les modes d'approvisionnement en énergie ne seront pas partout les mêmes, les moyens les plus efficaces d'éviter des émissions de $CO_2$ seront différents d'un État membre à l'autre. Vouloir « rattraper son retard » en se comparant à un autre État membre n'a tout simplement pas de sens.

La France a fait le choix de produire son électricité avec des centrales nucléaires. D'autres pays au contraire ont refusé ce mode de production, telles l'Italie puis l'Allemagne. La Grande-Bretagne, la Finlande et d'autres ont confirmé leur programme de production nucléaire. Les pays d'Europe centrale, qui savent ce que cela signifie d'être dépendants de la Russie, veulent construire chez eux des centrales nucléaires.

S'il existait un marché européen unique de l'électricité, le prix serait uniformisé. Comme la capacité nucléaire ne serait à aucun moment suffisante pour répondre à la demande, le prix serait toujours très supérieur au coût de production nucléaire. Les États pourraient récupérer à l'aide d'un impôt *ad hoc* les superbénéfices réalisés par les producteurs d'électricité nucléaire mais les consommateurs ne tireraient aucun bénéfice du faible coût de production du nucléaire. Le prix de l'électricité et, par contrecoup, ceux des autres formes d'énergie seraient inutilement hauts, ce qui obérerait l'efficacité et la compétitivité de notre économie.

Il pourrait donc y avoir dans l'Union européenne plusieurs marchés de l'énergie avec des prix de l'électricité et du carburant différents. Ces marchés communiqueraient entre eux par des lignes électriques d'« interconnexion » dont la capacité serait calculée pour utiliser au mieux les moyens de production et se porter secours en cas de besoin.

La coopération serait alors beaucoup plus facile qu'aujourd'hui, au sein de chacun de ces marchés et entre eux.

Elle prendrait une forme spécifique qui respecterait la responsabilité des États membres, comme l'Union a su le faire en d'autres domaines, tels que la circulation des personnes avec les accords de Schengen, la défense avec les « coopérations structurées », partie intégrante du traité, ou, antérieurement, pour produire les Airbus ou les fusées Ariane.

Pour accepter l'idée de plusieurs marchés de l'énergie, il faudrait un changement complet de politique européenne qui fasse de la concurrence et du marché non un but mais un moyen. Ironie de l'histoire, on a vu les Britanniques, eux qui avaient été les promoteurs de l'ouverture du marché de l'électricité, proposer en 2011 de revoir cela de fond en comble et théoriser pour démontrer l'efficacité d'un dispositif qui ressemble comme un frère à celui qui, en France, pendant des décennies a fourni aux consommateurs et aux entreprises une électricité sûre et bon marché. Les esprits convergent vers l'idée d'un régime fortement centralisé. Plusieurs variantes sont possibles.

### *Verra-t-on renaître l'acheteur-vendeur unique d'électricité ?*

Voici une option, purement théorique aujourd'hui.

Un organe public dépendant de l'État a le monopole de la vente d'électricité sortant des centrales. Il la vend à de gros consommateurs ou à des fournisseurs qui la vendront eux-mêmes aux consommateurs finaux.

Cet organe n'achète pas d'électricité. *Il achète des capacités de production*. Pour les acquérir aux meilleures conditions, il fait un appel d'offres. Il paie les frais fixes de production (ceux qui ne dépendent pas des quantités produites, tels que les investissements et les frais de gestion) et les dépenses directement liées aux quantités d'énergie qu'il commande. Le prix auquel il vend l'électricité est modulé en fonction du moment où elle est vendue de façon à inciter les usagers à éviter les pointes de consommation. Il imite ainsi ce que donnerait une concurrence parfaite, mais en en évitant les excès.

Dans ce dispositif, l'organe central paie les producteurs selon des modalités qui répondent à leurs contraintes (un loyer pour financer l'investissement et le coût de l'énergie). Le prix qu'il paie est différent selon le mode de production de l'électricité, mais ne dépend pas du moment où elle a été produite. Le prix auquel il vend l'électricité, lui, ne dépend pas de la façon dont elle a été produite, mais du moment où elle est vendue.

### *Nombreux motifs de préférer l'acheteur-vendeur unique au marché concurrentiel*

L'organe central unique connaît beaucoup mieux la demande globale que chaque producteur d'électricité ne peut connaître la sienne dans un marché concurrentiel.

Le parc de production est adapté à la demande alors que dans un marché concurrentiel la capacité de base est insuffisante, ce qui crée des super-marges aux dépens des consommateurs.

Le parc peut être calculé en tenant compte de la politique de lutte contre les émissions de $CO_2$ ou, ce qui revient au même, d'autonomie énergétique : il suffit de la calculer en donnant au gaz ou au charbon consommé pour produire de l'électricité un prix qui reflète cet objectif – de l'ordre de 60 €/MWh de gaz.

Le parc de production nucléaire peut être géré de façon à suivre efficacement les fluctuations de la demande, ce qui serait impossible s'il était aux mains d'entreprises en concurrence.

Les producteurs d'électricité ne courent pas de risque économique puisque l'organe central leur paie les coûts fixes et le coût variable de l'électricité produite. Cette sécurité abaisse le coût de financement des investissements : si le coût de la ressource financière est de 4 % en monnaie constante au lieu de 8 %, le coût de l'électricité nucléaire est diminué de 30 %.

Le prix est directement relié au coût de production même si le parc de production n'est pas parfaitement adapté à la demande, alors que, dans un marché concurrentiel, il suffit que la capacité nucléaire soit légèrement inférieure à l'optimum pour que le prix moyen devienne très supérieur au coût de production.

Le système centralisé évite les dépenses de publicité et les dépenses commerciales inévitables lorsque plusieurs entreprises sont en concurrence, et payées par les consommateurs.

Le système centralisé évite également les dépenses de régulation, contrôle et contentieux.

La pression de la concurrence ne peut pas être favorable à la sûreté nucléaire.

Sur ces neuf motifs, sept concourent à limiter la hausse du prix de l'électricité.

## Les réseaux intelligents ? Attention au miroir aux alouettes !

Ce système de l'acheteur unique risque bien de subir les foudres de ceux qui veulent être « modernes ». Pour eux, l'avenir est aux réseaux interactifs, intelligents, les *smart grids*[1] !

1. Littéralement, réseau intelligent.

L'idéal du *smart grid* est de faire de tous les consommateurs d'électricité des producteurs d'électricité avec leurs éoliennes de toit et leurs panneaux photovoltaïques, et des stockeurs d'électricité avec leurs batteries de voiture. Ils seront des consommateurs intelligents, conscientisés, attentifs à ne pas gaspiller, et non plus ces consommateurs soumis au pouvoir d'un monopole qui distribue son électricité d'amont en aval sur des circuits unidirectionnels, image d'une société hiérarchisée où l'autorité est concentrée sur une tête ou une institution. Comme l'intelligence, l'électricité, production et consommation, serait répartie. Les *smart grids* seront l'Internet de l'énergie. Une nouvelle civilisation.

L'électronique, le progrès des batteries, les moyens de communication et de gestion de données donnent la possibilité de réaliser ce rêve. Encore faut-il qu'il existe quelque part une intelligence qui connaisse non seulement les capacités de production de chaque producteur-consommateur, mais aussi, et très finement, les besoins de consommation, une intelligence qui pourra comparer le degré de besoin des différents consommateurs pour savoir lesquels servir et lesquels mettre en attente. Cette intelligence sera certainement bienveillante et cherchera à faire au mieux. Mais elle aura besoin d'en savoir beaucoup sur les consommateurs et elle saura vous convaincre de vous laisser guider.

Qui sera cette intelligence bienveillante ? L'acteur principal du système ne sera plus tel ou tel producteur, ce sera l'organisation capable de gérer des myriades d'informations individuelles et ponctuelles sur la vie personnelle et la vie familiale. Les sociétés de services informatiques – il en existe qui sont tentaculaires, tout autour du monde – maîtresses des informations prendront le dessus sur les producteurs d'électricité. Il est possible de ressentir un malaise devant cette perspective à la *Big Brother*.

Plus concrètement, tout cela coûterait terriblement cher, beaucoup plus que le système que nous connaissons, fruste, si l'on veut, mais efficace, d'une production nucléaire complétée par une production hydraulique, quelques centrales au gaz et quelques groupes électrogènes. L'électricité photovoltaïque et éolienne coûte deux à quatre fois plus cher que l'électricité nucléaire[1] ; encore plus si l'on ajoute le coût du stockage d'électricité. La mise en place et la gestion d'un super-réseau d'information doublant un réseau d'électricité devenu maillé et interactif alourdiraient encore la note.

Vouloir remplacer un organe public, gestionnaire unique de l'électricité, par un réseau de producteurs et consommateurs, remplacer un gestionnaire parfaitement identifié par une organisation diffuse gérée par de puissantes entreprises aussi peu contrôlables que celles qui gèrent Internet par exemple, tout cela pour payer l'électricité, en définitive, *beaucoup plus cher* – c'est beau comme un réseau futuriste, mais cela ressemble furieusement à lâcher la proie pour l'ombre.

### *Le secret de la sécurité d'approvisionnement en énergie : combiner électricité et biomasse ou énergie fossile*

En se préservant des illusions ruineuses des « modernes », des réseaux d'électricité « vraiment intelligents » se formeront lorsque les consommateurs d'électricité se seront équipés pour pouvoir accepter que les fournisseurs mettent eux-mêmes certains appareils hors tension *sans préavis et sans les gêner*. Ce sera possible si l'électricité peut être instantanément remplacée par une autre forme d'énergie – biomasse, fioul, gaz ou carburant liquide dans des chauffages ou des véhicules hybrides.

L'approvisionnement en électricité sera sûr si l'électricité répond à des besoins auxquels elle n'est pas seule à pouvoir

1. Cf. chapitre VIII.

répondre. L'électricité pourrait alors être presque entièrement produite à partir d'énergie hydraulique et nucléaire, la pointe de consommation d'énergie étant assurée, non par des moyens de production de pointe d'électricité, mais par les formes d'énergie faciles à stocker.

CHAPITRE XII

# Au nom de quoi accepter le risque nucléaire

*Au-delà du terrain économique, le sort du nucléaire dépend de la réponse à cette question :* au nom de quoi *courir le risque, minime, certes, mais réel ? Quel sens donner à ce risque ? Les adversaires du nucléaire sont passés maîtres dans cette bataille du sens, mais leurs arguments sont rhétoriques et ne résistent pas à l'analyse. Le nucléaire a des atouts qui devraient convaincre : lutte contre l'effet de serre, relations avec les pays en développement, sécurité d'approvisionnement, place de notre pays dans la concurrence internationale, respect de la liberté individuelle, relation avec la nature à la fois dynamique, inventive et respectueuse.*

*Les citoyens accepteront le risque nucléaire s'ils le connaissent, participent à sa gestion et ont conscience que l'État, tout en faisant ce qu'il faut pour le minimiser, ne le nie pas et s'est doté de moyens humains suffisants pour le contrôler.*

*L'avenir du nucléaire relève d'une décision politique au plein sens du terme.*

## Le risque d'accident grave existe

La production d'électricité nucléaire fait courir un risque de grave accident. Elle laisse derrière elle des déchets qui seront encore radioactifs dans quelques milliers de siècles. Par ailleurs, il est possible de beaucoup diminuer les émissions de $CO_2$ sans produire d'électricité nucléaire.

Un accord général sur ces trois affirmations éviterait bien des débats inutiles et déblaierait le terrain pour aborder les vraies questions : la nature du risque, les conséquences d'une exposition à de faibles doses de radioactivité, les coûts, la création d'emplois, l'avenir du système de production et de consommation d'électricité, la compétitivité de la France, les relations avec les pays en développement, etc.

Les déchets nucléaires à longue durée de vie soulèvent *a priori* des questions d'ordre moral. Nous avons vu précédemment qu'ils ne feront courir aucun risque, à la différence des déchets que la production nucléaire permet d'éviter[1].

La probabilité d'un accident grave est très faible mais non nulle. EDF et les autorités ont peut-être sous-estimé la probabilité d'un accident en France (mais qui peut le dire ?). En tout cas on ne peut leur reprocher de l'avoir niée. Encore faut-il que l'information soit reçue. L'opinion a préféré ne pas porter attention à l'existence de ce risque dont l'accident de Fukushima a violemment rappelé l'existence.

## Le risque d'accident grave peut être refusé absolument

Un grave accident laisse le temps de fuir avant le début des émissions radioactives mais rend inhabitables ou inhospitaliers plusieurs milliers d'hectares[2].

Si cette éventualité, aussi peu probable soit-elle, est jugée absolument inacceptable, il faut refuser les centrales nucléaires absolument. La question n'est pas d'en réduire le nombre plus ou moins rapidement. Elle n'est surtout pas

1. Voir les chapitres IV et VI.
2. *Idem.*

de comparer les avantages et les inconvénients de plus ou moins de nucléaire. Le seul objectif acceptable est de ne plus en avoir du tout. C'est la décision qu'a prise l'Allemagne ; elle est logique.

Quelles seraient les conséquences en France d'un refus du nucléaire ? Pour diviser les émissions de $CO_2$ par trois, il faudrait par exemple diminuer *de moitié* les distances parcourues par personne sur route et en avion et réduire les consommations de chaleur *des deux tiers* en moyenne. La production d'électricité serait pour plus de la moitié d'origine éolienne ou solaire, ce qui demanderait des moyens de stockage qui, aujourd'hui, n'existent pas.

**Si le risque n'est pas refusé, comparer coûts et bénéfices**

Sans refuser *a priori* la présence d'un réacteur nucléaire à moins de 200 km de chez soi, il est normal de se demander s'il est bien utile. On comparera donc les avantages et les inconvénients de plusieurs hypothèses de production et de consommation d'énergie sans exclure une augmentation de la capacité nucléaire. Cet examen ne se réduit pas à une comparaison des coûts, mais il ne peut pas s'en passer.

Un coût est une différence ; il est donc utile de préciser les termes de la différence. Admettant que l'objectif est de diviser les émissions de $CO_2$ par trois, on a d'abord cherché comment l'atteindre en dépensant aussi peu que possible. Ce scénario fait l'hypothèse que la capacité nucléaire est augmentée de 50 %, ce qui demanderait de construire 2 EPR par an puisqu'il aura fallu d'ici là remplacer à peu près tous les réacteurs aujourd'hui en fonctionnement. Stabiliser la capacité nucléaire coûterait 12 milliards d'euros par an de plus. La réduire d'un tiers augmenterait encore les dépenses de 23 milliards d'euros par an, soit 35 milliards de plus que le scénario le moins coûteux.

J'ai déjà montré que l'électricité renouvelable est plus chère que le nucléaire et que l'incertitude sur les dépenses de démantèlement et de gestion des déchets ne change rien à l'affaire. Je reviendrai seulement sur le coût de l'efficacité énergétique car la phrase trop souvent entendue selon laquelle « l'énergie qui coûte le moins est celle que l'on ne consomme pas » est stupide. Lorsqu'il faut dépenser 5 € pour consommer chaque année 1 kWh de moins, l'annuité de cet investissement est de 0,3 € soit **300 €/kWh, soit 3 000 € par m³** de fioul. Voilà donc le coût de cette énergie que l'on ne consomme pas et dont on nous dit que c'est la moins chère !

Alors que la solution la moins coûteuse suppose que l'on augmente la capacité nucléaire, les options qui sont en vogue et font l'objet d'un débat sont de la stabiliser ou de la réduire d'un tiers de sorte que le nucléaire fournisse seulement la moitié de l'électricité, et non plus les trois quarts comme aujourd'hui.

## La tentation du « ni ni » et du « moitié moitié »

### *Des fondements primitifs*

L'argument « ni ni » – ni augmentation ni diminution de la capacité nucléaire – repose sur un penchant psychologique qu'un fin politique avait bien perçu lorsqu'il avait décidé « ni nationalisations ni privatisations ». Dans une situation où l'on a bien du mal à décider, la meilleure attitude est parfois de ne rien changer puisque l'expérience montre que cette situation est vivable ou en tout cas supportable alors que rien ne dit qu'une autre le serait.

Quant à la solution « moitié moitié », ses promoteurs, en se référant implicitement ou clairement à la maxime de ne pas mettre tous ses œufs dans le même panier, prétendent la justifier au titre de la sécurité d'approvisionnement en électricité.

### *L'alibi de la solution « moitié moitié », la sécurité d'approvisionnement en électricité*

Que se passerait-il en cas d'une grosse panne de réacteur ou si l'on découvrait un défaut qui oblige à arrêter plusieurs réacteurs ?

Notre pays est relié aux pays voisins. En cas de grosse avarie, ceux-ci pourraient nous dépanner – et inversement. Par ailleurs, la défaillance subite de 4 ou 5 réacteurs est moins sensible si le pays dispose d'une réserve de puissance que si la capacité est calculée au plus juste pour répondre seulement aux besoins essentiels.

Voici une autre réponse. Si l'on combine l'électricité avec d'autres énergies, la part du nucléaire doit se mesurer non pas dans la consommation d'électricité mais dans la consommation d'énergie. Dans le scénario avec plus de nucléaire, elle est de 40 %. Il y aura plus de véhicules hybrides et de chauffage hybride utilisant du fioul (ou gaz) et de l'électricité. Même si un quart de la capacité nucléaire (15 EPR !) venait à faire défaut brutalement, l'alimentation électrique de ces systèmes hybrides pourrait être suspendue sans préavis et sans gêner personne pour permettre de servir les autres consommateurs. Ces systèmes hybrides, utilisant des énergies qui se stockent facilement, sont tout de même plus sûrs que l'électricité éolienne…

## Au nom de quoi refuser ou accepter le risque nucléaire ?

Augmenter la capacité nucléaire minimiserait donc les dépenses et renforcerait la sécurité d'approvisionnement en électricité. Ce serait un choix rationnel.

Pourtant cette perspective suscite instinctivement un mouvement de recul, réaction spontanée qui s'explique par le caractère très particulier du risque nucléaire, un risque mal connu, sournois, aléatoire, qui se répand et ne s'éteint jamais, un risque dont on a peur, au fond.

Mais les gens ont du mal à s'avouer cette peur et tout le monde sait que le risque, d'une façon ou de l'autre, fait partie de la vie et qu'un homme qui refuse le risque est comme déjà mort. De plus, si l'on raisonne un peu, on se rend compte que le risque nucléaire est bien moindre que celui que l'on accepte en prenant sa voiture (5 000 morts par an en France) ou même simplement en allant chercher son pain le matin. Les opposants au nucléaire ne se contentent donc pas de nous dire que le risque doit nous faire peur. Pour être entendus, ils s'emploient à trouver de « bonnes raisons » de supprimer l'objet de cette peur. Leur inventivité mérite l'admiration. Ils argumentent sur tous les terrains : celui de la démocratie, de la construction européenne, de la relation aux objets (gaspillage ou sobriété), de la relation avec la nature. Passons en revue leurs arguments. Ils apparaîtront purement rhétoriques, laissant parfois entrevoir des présupposés plutôt contestables. Le nucléaire, de son côté, a de solides arguments à faire valoir.

### *On nous dit que le nucléaire produirait des régimes politiques peu démocratiques*

La production d'électricité nucléaire est accusée par ceux qui s'y opposent de produire inévitablement un État policier, une organisation rigoureusement hiérarchique et centralisée impropre à la démocratie, une société de consommateurs dépendant du bon vouloir de producteurs puissants. Au contraire, les énergies renouvelables seraient décentralisées, rendant le pouvoir de produire aux collectivités locales et aux ménages. Ceux-ci, producteurs et consommateurs d'électricité réunis, deviendraient alors beaucoup plus responsables.

La réalité est différente. La production d'électricité éolienne est centralisée et nécessite la construction de lignes de transport d'électricité et les panneaux photovoltaïques ne produisent pas lorsqu'on en a besoin. Ce rêve d'une production décentralisée au niveau de consommateurs enfin conscients et responsables non seulement coûterait cher – tout particulièrement à ceux dont les revenus sont modestes –, mais encore étendrait le contrôle exercé par des organisations anonymes, mais bien réelles, sur notre vie quotidienne.

Tout cela pour remplacer un système de production et de distribution de l'électricité qui depuis des décennies nous procure une électricité sûre et bon marché. Si la production d'électricité nucléaire engendrait inévitablement un système autoritaire au point d'en être insupportable, nous nous en serions sans doute déjà aperçus.

### *On nous dit que le nucléaire serait un obstacle à la construction européenne*

Pour « ne pas être en retard » sur les autres États membres et pour rendre possible « l'Europe de l'électricité », nous devrions renoncer à une bonne partie de notre capacité nucléaire et augmenter notre capacité de production éolienne ou photovoltaïque. Plutôt que de s'engager dans une impasse, mieux vaut être en retard sur les autres qu'en avance. Mais « ne pas être en retard » fait partie de ces expressions qui dispensent de réfléchir. Quant à « l'Europe de l'électricité », il est exact qu'elle est beaucoup plus facile à concevoir si la capacité nucléaire en France est réduite à 40 GW que si elle est maintenue ou *a fortiori* accrue de 50 %. Si elle est réduite, le prix de l'électricité sera uniforme en Europe, égal au coût de production de moyens beaucoup plus coûteux qu'une production nucléaire.

### *On nous dit que le nucléaire serait incompatible avec la sobriété*

Dans cette lutte menée au nom des valeurs par ceux qui s'opposent au nucléaire, il en est une qu'ils manient avec une redoutable efficacité : la sobriété, associée à la lutte contre le gaspillage.

Que la sobriété soit une valeur qui monte, il faut s'en réjouir. Il est moralement sain de savoir se détacher des objets. Les grandes religions font un devoir de se priver pendant un temps de jeûne et le bonheur ne dépend évidemment pas de la quantité d'objets ou de service que l'on consomme. La sobriété a tout son sens moral si les biens que l'on ne consomme pas sont accessibles.

De l'avis de ceux qui s'opposent au nucléaire, procurer une électricité abondante et bon marché serait une incitation à une consommation sans modération contraire à notre sens moral. C'est sans doute ce qui explique cette réponse que l'on m'a faite un jour: «Tu ne serais pas heureux dans un monde où l'énergie abonde à bon marché.» Et pourquoi donc n'y serais-je pas heureux ? Il y a d'autres biens dont nous avons vitalement besoin et qui, fort heureusement, sont abondants et gratuits, l'air que nous respirons ou encore la chaleur dispensée par le soleil. Nous les consommons abondamment sans avoir le sentiment de gaspillage. Et l'on connaît des logements collectifs ou individuels qui ne consomment que de l'électricité et qui sont d'une sobriété exemplaire sans pour autant sacrifier le confort de leurs habitants[1] ! Ces exemples montrent qu'opposer électricité nucléaire et sobriété est insensé.

*La sobriété est une vertu lorsqu'elle est choisie*. Que le pouvoir politique décide d'obliger les gens à avoir un comportement apparemment vertueux en les soumettant à une privation, non, merci ! On a déjà vu cela dans d'autres circonstances peu ragoûtantes, la révolution culturelle chinoise par exemple.

Certes, les opposants au nucléaire récusent avec vigueur de tels rapprochements. Mais, quand ils reprochent à l'électricité nucléaire d'inciter au «gaspillage» d'énergie, on a envie de leur demander ce que signifie «gaspillage» et surtout *qui le définit*. Est-ce gaspiller de l'énergie que de prendre un bain de vingt minutes au lieu d'une douche de cinq minutes ? Est-ce du gaspillage que de se chauffer à 22°C plutôt qu'à 20 ou à 19 ? De prendre sa voiture personnelle

1. Comme par exemple la maison de Bernard Comby en banlieue parisienne – dont on peut voir les caractéristiques sur http://www.hprevot.fr/AvNucl.html.

plutôt que les transports en commun ? Devrons-nous rendre compte de nos comportements et de nos choix ?

Il faut, bien sûr, que le prix de l'électricité couvre tous les coûts, y compris celui des dommages qu'elle cause. Cela dit, refuser le nucléaire au motif qu'il incite à la consommation et le remplacer par une électricité plus coûteuse obligerait à dépenser davantage pour consommer et économiser l'électricité. La prétention à imposer la vertu de sobriété en organisant le manque d'électricité nucléaire conduirait donc au gaspillage.

***On nous dit que le nucléaire, à l'inverse des énergies renouvelables, ne respecterait pas la nature***

Énergies renouvelables et énergie nucléaire présentent deux images on ne peut plus contrastées des relations de l'homme avec la nature. Les énergies renouvelables ressemblent un peu à la cueillette alors qu'il faut aller profondément au cœur de la matière pour en faire sortir de l'énergie. Notons en passant que la fabrication d'éoliennes et de panneaux photovoltaïques utilise des matériaux rares et consomme beaucoup d'énergie, mais accordons-lui l'image d'un mode de relation avec la nature où l'homme se soumet aux rythmes et aux variations de ce que la nature veut bien lui apporter. Au contraire, l'homme qui va chercher de l'énergie jusqu'au cœur de la matière violente la nature qui, de loin en loin, se venge.

Mais on peut porter sur le nucléaire un autre regard.

### *Le nucléaire est le fruit d'une coopération dynamique avec la nature*

Au rebours d'une vision où l'homme devrait se contenter de cueillir sans effort ni inventivité ce que la nature lui présente, il existe de bonnes raisons de s'émerveiller. La nature, en offrant à l'homme le moyen de maintenir la réaction nucléaire dans un état qui pourtant est *a priori* instable, entre emballement et étouffement, met à sa disposition des ressources en énergie presque infinies[1]. Voilà une coopération fructueuse entre la nature et l'intelligence humaine.

D'autre part, moins de nucléaire, c'est davantage de mines de charbon, davantage d'exploitations de gisements de sables bitumineux, davantage de barrages sur les grands fleuves avec toutes les atteintes à l'environnement qui en découlent.

### *Le nucléaire ménage le pouvoir d'achat*

L'État porte atteinte à la liberté individuelle lorsqu'il décrète une réglementation thermique, lorsqu'il crée un impôt, lorsqu'il oblige les consommateurs d'électricité à financer des éoliennes, etc.

En procurant une électricité relativement bon marché, le nucléaire élargit le domaine de la liberté individuelle et apporte plus de bien-être à ceux dont les revenus sont modestes. Comment pourrait-on l'oublier alors que l'évolution du pouvoir d'achat et la précarité énergétique deviennent de sérieuses préoccupations ?

1. Voir, au chapitre I, les neutrons retardés, l'effet Doppler et le coefficient de vide négatif.

### *Le nucléaire permet de lutter contre le réchauffement climatique et d'aider au développement des pays pauvres*

Depuis l'échec de la conférence de Copenhague à la fin de 2009 et malgré des déclarations officielles renouvelées, l'objectif de maîtrise des émissions de gaz à effet de serre sera de plus en plus difficile à atteindre. Depuis la catastrophe de Fukushima, l'attention du public semble s'être détournée de la question du réchauffement climatique, du moins si l'on se réfère au nombre d'articles parus dans la presse. La crise économique en Europe ajoute au scepticisme. Les prix du pétrole et du gaz se maintiennent à un haut niveau, ce qui encourage les entreprises pétrolières à aller rechercher du pétrole et du gaz en des lieux jusqu'ici inaccessibles.

Les émissions de gaz carbonique continuent d'augmenter et la température moyenne de l'atmosphère de s'élever. Les scientifiques du GIEC confirment leurs sombres prévisions.

Dans nos relations avec les pays en développement, que vaut-il mieux ? Financer, chez eux ou chez nous, des centrales solaires à grand prix ou produire chez nous de l'électricité nucléaire beaucoup moins coûteuse et leur verser une aide au développement égale à la différence de coût ?

Ces constatations bien simples éclairent d'un jour particulier le refus du nucléaire. En fait, il s'agit d'un réflexe de protection personnelle, un réflexe NIMBY, « *not in my backyard* » (« pas dans mon arrière-cour »), comme on dit en anglais. C'est une réaction parfaitement compréhensible mais au fond assez égoïste. Est-ce pour se préserver de ce jugement que l'Allemagne, qui s'est dotée d'une « commission d'éthique » avant de décider de ne plus produire d'électricité nucléaire, prétend donner l'exemple et adresser au monde entier un message de portée universelle ? C'est en vain.

Les pays qui maîtrisent la production d'électricité nucléaire ont la possibilité d'atténuer le réchauffement climatique et les dommages qu'il causera. Cela ne leur donne-t-il pas une responsabilité particulière ?

### *Le nucléaire consolide notre indépendance énergétique*

L'indépendance énergétique est un objectif qui peut faire sourire dans une économie mondialisée où les échanges sont suffisamment libres pour empêcher qu'un fournisseur ait une position dominante sur ses clients. Ce serait une erreur. Nul ne peut prévoir ce qui se passera dans les décennies à venir. La dépendance énergétique a des effets qui vont bien au-delà du domaine de l'énergie. Mieux vaut être prudent.

Si, au lieu d'augmenter, la capacité nucléaire française reste constante ou diminue, les éoliennes et le photovoltaïque ne suffiront pas à répondre à la demande. Il faudra une production à partir de gaz pour compenser les fluctuations du vent et du soleil. La société russe Gazprom l'attend avec impatience. Nos voisins allemands sont reliés directement à la Russie par une conduite qui contourne la Pologne. Est-ce la voie à suivre alors que le projet européen de gazoduc qui nous permettrait de recevoir du gaz de la mer Caspienne indépendamment de la Russie, miné par les démarches de Gazprom, a bien du mal à se concrétiser ?

### *Le nucléaire renforce notre pays dans la concurrence internationale*

On aurait tort de considérer que l'énergie est peu de chose dans le prix de revient des produits industriels. Ce n'est pas par hasard que l'industrie allemande a été dispensée de la hausse du prix de l'électricité qui a suivi la décision d'abandonner le nucléaire. Le prix de l'électricité en France, s'il est plus bas que dans d'autres pays, donnera à notre industrie un avantage dont elle a bien besoin. D'autre part, la production nucléaire va se développer dans le monde. La compétence et l'expérience des entreprises françaises leur permettront d'être présentes sur ces marchés.

## Accepter le risque nucléaire a du sens

Indépendance énergétique, appui aux pays en développement, lutte contre le changement climatique, respect de la liberté individuelle, et aussi relation dynamique avec la nature faite de coopération active et inventive, tournée vers la satisfaction des besoins humains – décidément, accepter le risque, très improbable, du grave accident nucléaire n'est pas vain.

Ce risque sera accepté plus facilement s'il est connu et s'il est assumé non seulement par l'État mais aussi par chaque citoyen, ce qui pose les questions de l'information, de la gouvernance et de la gestion du risque après un accident.

### *L'information peut-elle être parfaite ?*

Les opposants reprochent à la technostructure nucléaire de cacher des informations. Ce reproche a été fondé. Pour éviter les anachronismes il serait plus juste de dire que les informations qui étaient données naguère ne répondraient pas au besoin d'information tel qu'il s'exprime aujourd'hui.

La difficulté rencontrée par les organes officiels est double : d'une part, l'attente du public évolue avec le temps et, d'autre part, ce public est extrêmement varié, tout le monde n'ayant pas le même degré de connaissance, ni les mêmes préoccupations, ni le même désir de savoir. Cependant le message est unique. Ce qui répond à l'attente des uns peut être insuffisant pour d'autres qui crieront à l'« opacité », semant ainsi l'inquiétude chez les premiers. Il suffit d'une maladresse commise par un organe officiel ou d'une plaisanterie lancée par quelqu'un qui n'y connaît pas grand-chose mais fait un bon mot *sans y mettre malice* pour que la rumeur s'étende, s'incruste de façon presque indélébile.

Aujourd'hui l'opinion demande en général beaucoup plus d'information qu'il y a une trentaine d'années. Celle qui est publiée par l'ASN, l'IRSN, l'ANDRA, EDF et AREVA est beaucoup plus abondante qu'il y a trente ans. On ne dira pas que tout est publié, car il est impossible de le faire. Mais, pour ne donner qu'un exemple, les centrales nucléaires signalent tous les écarts qui ont suscité une action corrective, aussi ténus soient-ils et même sans aucune incidence sur la sécurité. Tous ces « événements » sont publiés sur Internet, de même que les rapports d'inspection de l'ASN et les rapports de l'IRSN et de l'ASN sur l'accident de Fukushima. Localement, près des centrales, les CLI, commissions locales d'information, sont des lieux d'échange qui fonctionnent bien.

Le grand public n'est pas toujours en mesure de comprendre les informations délivrées par les entreprises et les institutions, ni de porter un jugement sur les commentaires qu'elles suscitent. Pour que l'information soit de qualité et soit comprise, il faut donc améliorer les connaissances de base du plus grand nombre de nos concitoyens. Cela relève de la responsabilité non seulement de l'État, de l'Éducation nationale et des organismes officiels tels que l'IRSN et l'ASN dont l'action est unanimement saluée, mais aussi des scientifiques, des experts et des journalistes : certains mènent une action absolument remarquable.

### *La gouvernance*

Le nucléaire civil souffre d'un défaut congénital : il est né jumeau du nucléaire militaire et, depuis, a bien du mal à s'en distinguer dans l'inconscient collectif. Il serait sans doute souhaitable que la gouvernance, c'est-à-dire la façon dont sont préparés et décidés les grands choix de politique, distingue bien ce qui relève de l'utilisation civile de l'énergie nucléaire et ce qui relève de son utilisation militaire, laquelle requiert une grande confidentialité.

L'énergie nucléaire présente de tels enjeux que le rôle de l'État ne se limite pas aux grands choix de politique. La France s'est dotée d'une administration forte (services ministériels, agences, instituts ou autorités indépendantes) qui assure un contrôle permanent, améliore les connaissances, donne une information crédible, gère les déchets nucléaires. Ces fonctions ne peuvent pas être déléguées à des entreprises privées. Pour les remplir, l'État a besoin d'ingénieurs très compétents et animés par le sens du service public.

### *Assumer et gérer le risque, au plan collectif et au plan individuel*

L'État n'a jamais caché que le risque de rejets radioactifs existe. La demande de sécurité s'est faite tellement forte que l'EPR a été conçu pour supprimer ce risque. En cas de panne totale, la réaction en chaîne s'arrête toute seule et de nouveaux dispositifs de sécurité passive refroidiront le cœur du réacteur pendant quelques heures, même après qu'il sera entré en fusion, laissant le temps d'une intervention extérieure. Il a donc été décidé que l'enceinte de confinement serait complètement étanche sans avoir recours à des évents qui, lorsque la pression devient trop grande, permettent de l'abaisser en laissant partir des produits radioactifs. Ne serait-il pas préférable d'être cohérent avec l'affirmation selon laquelle le risque d'accident grave avec émissions de radioactivité à l'extérieur ne peut pas être absolument exclu ? En 2012, il n'est sans doute pas trop tard pour que cette enceinte soit équipée d'évents munis de filtres, comme l'est celle du réacteur finlandais.

La population acceptera plus volontiers le risque nucléaire si elle le connaît et si elle prend sa part dans la gestion de la crise, en cas d'accident.

Après un accident, l'éloignement de la population est une décision de prudence prise par l'autorité publique pour éviter la radioactivité de l'iode, qui s'épuise en quelques semaines, et tant que la situation n'est pas stabilisée. À Tchernobyl comme à Fukushima, la radioactivité est retombée sur le sol de façon hétérogène, par taches. Il est facile de s'en préserver lorsqu'on sait où elle se trouve et elle est très facile à détecter avec des instruments de la taille d'un téléphone portable. Pourquoi les personnes qui le souhaitent, en connaissant les risques et les précautions à prendre, ne pourraient-elles pas revenir chez elles ? Comme on l'a vu à Tchernobyl et comme on commence à le voir à Fukushima, le stress psychique et la désorganisation sociale créent beaucoup plus de dommages que la radioactivité.

**Une décision nationale**

Ce tour d'horizon des champs sur lesquels se joue le débat pour ou contre le nucléaire montre à l'évidence que cela mérite un débat national et que la décision sur l'avenir du nucléaire relève d'une décision politique au plein sens du terme.

Ce débat sera utile si ceux qui y participent respectent les faits, gardent systématiquement à l'esprit les ordres de grandeur et n'insultent pas ceux qui ne sont pas du même avis qu'eux.

# Décider et convaincre

L'électricité nucléaire coûte moins cher que l'électricité produite à partir du vent ou du soleil et présente l'avantage de ne pas émettre de gaz carbonique et de renforcer notre autonomie énergétique.

Mais elle présente un risque. Celui-ci n'avait jamais été caché mais il était possible de ne pas y prêter attention. Après l'accident survenu à Fukushima, il ne peut être ignoré.

Un accident survenant sur un des réacteurs en fonctionnement en France laisserait aux habitants vivant à proximité le temps de s'éloigner de sorte qu'il ne causerait immédiatement aucun dommage sur leur santé. Dans les cinquante ans à venir, le nombre de décès imputables à la radioactivité ne serait pas connu mais, selon le niveau de radioactivité observé autour de la centrale de Fukushima, il ne devrait pas dépasser quelques centaines dans l'hypothèse où les plus faibles doses de radioactivité ont un effet sur la santé ; il serait encore inférieur dans l'hypothèse, la plus probable, selon laquelle, en dessous d'un certain seuil, la radioactivité est inoffensive.

Le refus du nucléaire ne peut donc pas être justifié par la crainte d'un grand nombre de morts. Mais l'accident rendrait de grandes étendues de terres inhospitalières ou inhabitables, obligeant à maintenir loin de chez elles des dizaines de milliers de personnes. Ce risque peut être jugé radicalement inacceptable.

Des solutions « de bon sens » semblent s'imposer, qui conduisent toutes à réduire la capacité nucléaire :

– Diminuer le risque en diminuant la production nucléaire.

– Diminuer la part de l'électricité nucléaire dans la production d'électricité pour renforcer la sécurité d'approvisionnement au nom du précepte qui recommande de « ne pas mettre tous ses œufs dans le même panier ».

– Faire en sorte que tous les réacteurs fonctionnent presque sans s'arrêter pour obtenir le coût de production le plus bas possible.

Cette convergence d'arguments qui ont toutes les apparences de la rationalité n'est-elle pas convaincante ? Si elle est convaincante, cela ne suffit-il pas pour prendre une décision ? Pourquoi donc faudrait-il pousser la réflexion plus loin ? Ce serait fort utile pourtant car, tout ruisselant et luisant de bon sens qu'ils sont, aucun de ces trois arguments ne résiste à l'analyse.

Si le risque est inacceptable, on ne le divise pas par deux, on le supprime. Si le risque est accepté (de bon gré ou par la force des choses), il faut le comparer aux risques et aux dommages qu'il permet d'éviter, ce qui demande que l'on ouvre le champ de la réflexion à la production d'électricité à partir de charbon ou à l'usage qui pourrait être fait des moyens financiers que la production nucléaire, comparée à une production éolienne ou solaire, nous permet d'économiser.

Quant au deuxième argument, la solution qui permet d'avoir au moindre coût la plus grande sécurité d'approvisionnement, non seulement en électricité, mais en énergie, est celle d'une forte pénétration de l'électricité (40 % de la consommation finale d'énergie), elle-même produite à 80 % à partir d'énergie nucléaire.

Le troisième argument ne résiste pas mieux à l'examen : si l'on s'engage sérieusement dans un programme de lutte contre les émissions de $CO_2$, un réacteur nucléaire fonctionnant à 40 % de sa capacité produira une électricité moins coûteuse que celle d'une centrale au gaz ou au charbon qui fonctionnerait également à 40 % de sa capacité.

Au total, s'il est décidé de diviser par trois nos émissions de $CO_2$, une augmentation de notre capacité nucléaire de 50 % en trente ou quarante ans (pour la porter à 94 GW) permettrait de dépenser 12 milliards d'euros de moins par an que si elle était stabilisée à 65 GW, et 35 milliards d'euros de moins par an que si elle devait être réduite à 40 GW.

La stabilisation ou la réduction de la capacité ne répondrait pas à l'objection de ceux qui estiment que le risque nucléaire est inacceptable, ne renforcerait pas la sécurité d'approvisionnement, ne tirerait pas parti au mieux du fait que l'électricité nucléaire est moins coûteuse.

Pour choisir le meilleur niveau de puissance nucléaire, la réflexion doit donc aller plus loin et tenir compte de l'emploi possible de ces 12 ou 35 milliards d'euros par an : ménager le pouvoir d'achat des consommateurs, renforcer la compétitivité de notre industrie, rembourser les dettes de l'État, investir dans les hôpitaux pour diminuer le nombre de maladies nosocomiales, financer le plan d'aide aux personnes dépendantes, financer des emplois dans l'Éducation nationale ou dans la recherche, augmenter l'aide aux pays en développement. Les idées ne manquent pas.

*Quid* de la lutte contre la précarité énergétique ?

Voici à quoi est employée la CSPE, la contribution au service public de l'électricité, qui s'ajoute au coût de l'électricité nucléaire et apparaît sur nos factures : l'électricité éolienne et photovoltaïque coûte aujourd'hui 2 milliards d'euros de plus par an que si elle avait été achetée sur le marché européen de l'électricité, encore plus si on la compare à une production nucléaire. Le montant de CSPE servant au tarif social de l'électricité est inférieur à 100 millions d'euros en 2012, vingt fois moins.

La France métropolitaine n'a besoin ni d'éoliennes ni de panneaux photovoltaïques, mais la précarité énergétique touche des millions de personnes et s'étend. La crise économique pèse sur tous les ménages. La production d'électricité éolienne ou photovoltaïque empêche des emplois utiles. On a le sentiment profond d'un énorme gaspillage.

Dans ce contexte, va-t-on décider d'arrêter telle ou telle centrale nucléaire pour seulement montrer que l'on a de la considération pour ceux qui déclarent ne pas pouvoir accepter le risque ? Dans la situation de crise économique que nous connaissons, bousculés par l'âpreté de la concurrence mondiale, nous n'en avons plus les moyens.

Il appartient au pouvoir politique non pas de rechercher la ligne de moindre résistance ou le compromis, mais de *prendre sérieusement connaissance* des aspects techniques et économiques en jeu, puis d'organiser *un débat*, puis de *décider* la voie qu'il juge bonne pour notre pays dans une perspective à long terme, et finalement de *convaincre* – c'est là une des responsabilités importantes du pouvoir politique.

J'espère que ce livre apportera au débat des éléments utiles d'information et d'analyse sur la technique, les risques d'accident, les risques sur la santé, les coûts, les moyens de la politique publique, les relations avec les autres pays.

Annexe au chapitre V

# Le réacteur rapide au sodium

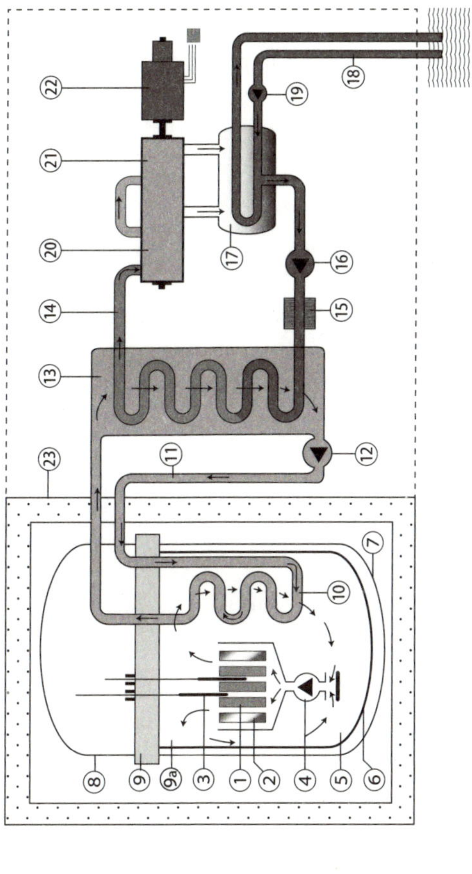

**LÉGENDE :**
1. élément combustible fissile
2. élément combustible fertile
3. barre de contrôle
4. pompe de circulation du sodium
5. cuve du réacteur (acier inoxydable)
6. cuve de sécurité
7. enceinte de confinement
8. couvercle
9. atmosphère de gaz de protection (Argon)
10. échangeur de chaleur intermédiaire (1 parmi 4)
11. circuit de sodium secondaire
12. pompe de circulation du sodium secondaire
13. générateur de vapeur (1 parmi 4)
14. vapeur
15. pré-réchauffeur
16. pompe à eau d'alimentation
17. condenseur
18. eau de refroidissement (fleuve)
19. pompe à eau froide
20. turbine haute pression
21. turbine basse pression
22. génératrice
23. bâtiment réacteur

## Annexe au chapitre VIII

# Le calcul du coût de production d'électricité par un EPR

Cette note de calcul n'est pas une prévision du coût de production de l'EPR. Elle a pour objet de montrer le poids de différentes composantes du coût de production et la sensibilité de celui-ci à des modifications de certaines de ses composantes.

### Composantes du coût de production

Montant de l'investissement initial, y compris les intérêts courant pendant la construction : 3000 €/kW, soit 4,8 milliards d'euros pour un EPR.
Montant de la provision pour démantèlement, en supposant que le coût du démantèlement est de 30 % de l'investissement et que la provision rapporterait un intérêt de 2 % : 242 €/kW.
Montant de la provision pour des gros travaux (600 €/kW à faire quarante ans après l'investissement initial), en supposant que la provision rapporterait un intérêt de 2 % : 272 €/kW.
Investissement initial y compris le montant des provisions : 3514 €/kW.
Annuité constante sur soixante ans avec un taux d'intérêt de 8 % : 283 €/kW/an.
Taux d'utilisation du réacteur : 90 %.
Dépenses d'exploitation hors combustible, selon les observations de la Cour des comptes, pour le personnel, les fonctions centrales, les achats extérieurs, les impôts et taxes : 110 €/kW/an.
Total des dépenses annuelles, hors combustible : 393 €/kW/an.
Coût du combustible, y compris le traitement des déchets : la Cour des comptes a constaté un coût de 7,7 €/MWh. La gestion des déchets sera plus onéreuse. Il est prudent d'ajouter 1 €/MWh, soit 9 €/MWh.
**Coût de production : 54 €/MWh**

**Sensibilité du coût à quelques-unes de ses composantes**

– Si le montant initial de l'investissement est de 3500 €/kW au lieu de 3000 €/kW, le coût de production est augmenté de 5 €/MWh
– Si le coût du démantèlement est de 15 % du montant de l'investissement au lieu de 30 %, le coût de production est diminué de 0,7 €/MWh.
– Si le coût du financement est de 10 % au lieu de 8 %, le coût de production augmente de 7,4 €/MWh
– Si le coût du financement est de 6 % au lieu de 8 %, le coût de production diminue de 7 €/MWh.

# Consommation d'énergie, production d'électricité et dépenses de consommation et d'économie d'énergie dans trois hypothèses de capacité nucléaire : 94 GW, 65 GW et 40 GW

## La consommation d'énergie

| Mtep : million de tonnes d'équivalent pétrole<br>TWh : térawatt.heure ou million de MWh | **Scénario A**<br>94 GW<br>nucléaire | **Scénario B**<br>65 GW<br>nucléaire | **Scénario C**<br>40 GW<br>nucléaire |
|---|---|---|---|
| **Transports sur route et en avion** | | | |
| Consommation en équivalent carburant | 44 Mtep | 36 Mtep | 29 Mtep |
| Évolution des distances parcourues par personne | 0 | -20 % | -35 % |
| **Résidentiel et tertiaire** | | | |
| Consommation pour la chaleur | 46,4 Mtep | 42 Mtep | 35 Mtep |
| Soit, en comparaison avec la tendance | -37 % | -43 % | -53 % |
| Consommation en TWh : 1 Mtep vaut 11,6 TWh | 538 TWh | 485 TWh | 405 TWh |

## La production d'électricité

| TWh : térawatt.heure ou million de MWh | **Scénario A**<br>94 GW<br>nucléaire | **Scénario B**<br>65 GW<br>nucléaire | **Scénario C**<br>40 GW<br>nucléaire |
|---|---|---|---|
| **Production d'électricité, TWh** | 850 | 656 | 626 |
| Hydraulique | 70 | 70 | 70 |
| Autres renouvelables : vent, soleil | 23 | 87 | 157 |

| | | | |
|---|---|---|---|
| Nucléaire | 705 | 427 | 279 |
| Gaz et charbon | 52 | 72 | 120 |

Les tableaux de production et de consommation d'énergie et d'électricité sont publiés sur www.hprevot.fr. Une entrée pour les lecteurs de *Avec le nucléaire*: www.hprevot.fr/AvNucl.html.

## Dépenses de chauffage: surcoût imputable au fait que la capacité nucléaire n'augmente pas ou diminue

| | **Scénario A** 94 GW nucléaire | **Scénario B** 65 GW nucléaire | **Scénario C** 40 GW nucléaire |
|---|---|---|---|
| Consommation d'énergie pour la chaleur | 538 TWh | 485 TWh | 405 TWh |
| | **A-B** | **B-C** | **A-C** |
| Différences de consommation entre deux scénarios | 53 TWh | 80 TWh | 133TWh |
| Montant de l'investissement en € par kWh/an économisé | 2,5 | 4,5 | |
| Montant de l'investissement en milliards d'€ (G€) | 133 G€ | 355 G€ | 488 G€ |
| Montant de l'annuité (4 %, 25 ans) G€/an | 8,5 G€/an | 22,7G€/an | 31,3 G€/an |
| Montant de l'annuité à 6 % | *10,4G€/an* | *27,8 G€/an* | *38,2 G€ /an* |
| Diminution de la facture d'énergie 115 €/MWh HT | 6,1 G€/an | 9,1 G€/an | 15,2 G€/an |
| Dépenses supplémentaires (taux de 4 %) | 2,4 G€/an | 13,6 G€/an | 16,1G€/an |
| Dépenses supplémentaires (taux de 6 %) | *4,3 G€/an* | *18,7 G€/an* | *23,0 G€/an* |

## Coût dans le secteur du transport de la stabilisation ou de la diminution de la capacité nucléaire, en comparaison avec l'augmentation de celle-ci

Selon le scénario 94 GW de nucléaire, les transports sur route et en avion consomment 43 Mtep/an d'énergie en équivalent carburant liquide sachant que 1 tep d'électricité équivaut à 3 tep de carburant. Si la capacité nucléaire est stabilisée à 65 GW, les transports sur route et en avion consomment 37 Mtep d'équivalent carburant liquide, soit 6 Mtep de moins. Il serait possible de conserver la même mobilité en diminuant la capacité nucléaire si l'on remplaçait 1 Mtep d'électricité nucléaire (qui équivaut à 3 Mtep de carburant) par 1 Mtep d'électricité renouvelable et si l'on remplaçait l'électricité nucléaire par de l'électricité renouvelable pour la production de 3 Mtep de biocarburant, qui demande 3 Mtep d'électricité (en gros, il faut 1 Mtep de biomasse et 1 Mtep d'électricité pour produire 1 Mtep de biocarburant).
Ce sont donc 4 Mtep d'électricité nucléaire, soit 46 TWh, qui devraient être remplacés par de l'électricité renouvelable qui coûtera 110 € de plus par MWh. Le surcoût serait donc de 5,1 milliards d'euros par an.
Si la capacité nucléaire est réduite à 40 GW, le même calcul montre que, pour maintenir la mobilité du scénario 65 GW, il faudrait produire 8 Mtep d'équivalent carburant liquide en remplaçant du nucléaire par de l'électricité renouvelable, soit par exemple 2 Mtep électriques équivalant à 6 Mtep de carburant liquide et 2 Mtep électriques pour produire du biocarburant. En tout 4 Mtep électriques, soit 46 TWh/an, dont le surcoût est de 5,1 milliards d'euros par an.
Ce sont des dépenses qui permettraient de maintenir la même mobilité. Le coût d'une moindre mobilité est donc inférieur à ce qui est ainsi calculé. Classiquement, dans ce cas-là, faute de connaître les « élasticités » de la demande par rapport aux prix, on dit que le coût est la moitié de ce coût maximum. Soit 2,5 milliards d'euros par an si l'on compare le scénario 65 GW au scénario 94 GW ; et 2,5 milliards d'euros par an si l'on compare le scénario 40 GW au scénario 65 GW.

## Dépenses supplémentaires dans les scénarios où la capacité nucléaire est 65 GW ou 40 GW nucléaire, comparées à un scénario où la capacité nucléaire est de 94 GW

| | Capacité nucléaire **65 GW** | Capacité nucléaire **40 GW** |
|---|---|---|
| Plus d'électricité renouvelable en substitution à du nucléaire | 7 G€/an | 14 G€/an |
| Augmentation des dépenses dans le bâtiment pour diminuer la consommation d'énergie – taux d'intérêt de 4 % | 2,4 G €/an | 16G€/an |
| Augmentation des dépenses dans le transport pour diminuer la consommation d'énergie | 2,5 G€/an | 5 G€/an |
| Total en milliards d'euros par an | 11,9 G€/an | 35 G€/an |

# Remerciements

Pour donner un avis sur l'intérêt que présente la production d'électricité nucléaire pour notre pays, il faut aborder des domaines très variés : la technique nucléaire depuis la réaction nucléaire jusqu'à la gestion des déchets en passant par la production d'électricité, l'effet de la radioactivité sur la santé, l'économie de l'énergie et celle du bâtiment et des transports, la politique européenne, la géopolitique.

On ne peut pas être personnellement compétent en toutes ces matières et l'étude sur documents ne suffit pas. C'est pourquoi je remercie les spécialistes qui ont bien voulu relire et corriger ce que j'avais écrit après m'être informé.

Les personnes dont le nom est cité ne sont en rien responsables des analyses et des thèses présentées dans ce livre et des erreurs qui auraient pu s'y glisser.

Mes remerciements vont donc à Claude Acket, Pierre Bacher, Bertrand Barré, André-Jean Guérin, Frédéric Livet, Roland Masse, Jacques Masurel, Hervé Nifenecker, Bernard Perret, Jean-Claude Terrier, Alain Vallée.

Plus généralement, je voudrais saluer la qualité et le dynamisme des débats au sein de l'association Sauvons le climat et de son forum.

# Bibliographie
et quelques sites Internet

Parmi les très nombreux ouvrages qui traitent de la production d'électricité nucléaire dans le contexte de la lutte contre le réchauffement climatique, la liste ci-dessous cite quatre ouvrages collectifs que j'ai trouvés particulièrement intéressants, puis des ouvrages récents qui reflètent la diversité des avis sur la question, y compris des dossiers bien construits publiés par des organes de presse.


Édouard Bard (dir.), *L'Homme face au climat*, Odile Jacob, 2006.

Georges Charpak, Richard L. Garwin, Venance Journé, *De Tchernobyl en Tchernobyls*, Odile Jacob, 2005.

Jean-Marie Chevalier (dir.), *Les Nouveaux Défis de l'énergie*, Economica, 2009.

Jean-Louis Touffut (dir.), *Changement de climat, Changement d'économie ?*, Albin Michel, 2010.

Jean-Pierre Dupuy, *L'Avenir de l'économie*, Flammarion, 2012.

Bernard Perret, *Pour une raison écologique*, Flammarion, 2011.

Michel Chatelier, Patrick Criqui, Daniel Heuer, Sylvestre Huet, *Nucléaire : quels scénarios pour le futur ?*, La ville brûle, 2012.

Jean-Louis Basdevant, *Maîtriser le nucléaire*, Eyrolles, 2011.

Hervé Nifenecker, *Le Nucléaire, un choix raisonnable ?*, EDP sciences, 2011.

Bertrand Barré, *Le Nucléaire, débats et réalités*, Ellipses, 2011.

Vincent Cheynet, *Le Choc de la décroissance*, Seuil, 2008.

Benjamin Dessus, Bernard Laponche, *En finir avec le nucléaire*, Seuil, 2011.
Jacques Foos, Yves de Saint Jacob, *Peut-on sortir du nucléaire ?*, Hermann, 2011.
Jean-Marc Jancovici, *Changer le monde, tout un programme*, Calmann-Lévy, 2011.
Julien Laurent, *Le Livre noir du nucléaire français*, City, 2011.
Christian de Perthuis, *Et pour quelques degrés de plus*, Pearson, 2010.
*Canard enchaîné* (Les dossiers du), *Nucléaire, c'est par où la sortie ?*, octobre 2011.
Journal *Le Monde*, hors série sur le *Nucléaire*, décembre 2011-janvier 2012.
*La Recherche* (Les dossiers de), *Les Énergies de demain*, février 2012.

Le rapport de la Cour des comptes sur le coût de la production d'électricité nucléaire
Le rapport de la commission « Énergie 2050 »
Le site Internet de RTE, réseau de transport d'électricité
Le rapport de l'ASN sur les leçons tirées de l'accident de Fukushima
Le site Internet de l'IRSN
Le site Internet de la Direction générale de l'énergie et du climat
Le site Internet du GIEC
Le site Internet de Sauvons le climat
Le site Internet de Négawatt
Le site Internet du réseau Action climat
Le site Internet Manicore

# Table des sigles

| | |
|---|---|
| AIE | Agence internationale de l'énergie |
| AIEA | Agence internationale pour l'énergie atomique |
| ANDRA | Agence nationale des déchets radioactifs |
| ASN | Autorité de sûreté nucléaire |
| CIPR | Commission internationale de protection radiobiologique |
| CLI | Commission locale d'information |
| CME | Conseil mondial de l'énergie |
| $CO_2$ | Gaz carbonique |
| CRE | Commission de régulation de l'énergie |
| CSPE | Contribution au service public de l'électricité |
| EPR | European Pressurized Reactor |
| GIEC | Groupe intergouvernemental d'étude du climat |
| INES | International Nuclear and Radiological Event Scale |
| IRSN | Institut de radioprotection et de sûreté nucléaire |
| MDP | Mécanisme de développement propre |
| MOX | Mixed Oxyde Fuel |
| NOME | La loi NOME est la loi sur la nouvelle organisation du marché de l'électricité |
| OCHA | Office de coordination des affaires humanitaires |
| OMS | Organisation mondiale de la santé |
| PAC | Pompe à chaleur |

| | |
|---|---|
| PNUD | Programme des Nations unies pour le développement |
| REB | Réacteur à eau bouillante |
| REP | Réacteur à eau sous pression |
| RLSS | Relation linéaire sans seuil |
| RNR | Réacteur à neutrons rapides |
| RTE | Réseau de transport de l'électricité |
| STEP | Station de transfert d'énergie par pompage |
| UNSCEAR | United Nations Scientific Committee on the Effects of Atomic Radiation |
| WEO | World Energy Outlook |

# Table des encadrés

## Table

RÉALISATION : IGS-CP À L'ISLE-D'ESPAGNAC
IMPRESSION : CORLET IMPRIMEUR S.A. À CONDÉ-SUR-NOIREAU
DÉPÔT LÉGAL : JUIN 2012. N° 107609 (146673)
IMPRIMÉ EN FRANCE